Michael Naseband / leben und leben lassen

Michael Naseband
**leben und leben lassen**
Ein Kommissar packt aus
2. verbesserte Auflage 2008

88427 Bad Schussenried
Gesamtherstellung Gerhard Hess Verlag
www.gerhard-hess-verlag.de

**ISBN 978-3-87336-900-9**

Michael Naseband

# leben und leben lassen

## Ein Kommissar packt aus

## *So fing alles an*

Am 11. Juni 1965 wurde ich in Düsseldorf geboren. Meine Schwester Monika ist sechs Jahre älter als ich. Meine Eltern stammen aus den ehemaligen deutschen Ostgebieten und wurden nach dem Krieg vertrieben. Meine Mutter kommt aus Danzig und mein Vater aus Pommern. Beide mussten nach dem Krieg ihre Heimat verlassen und sind nach Plön in Schleswig-Holstein verschlagen worden. Sie haben angefangen, sich eine neue Existenz zu schaffen und lernten sich dort kennen. Irgendwann ist meine Mutter nach Düsseldorf gezogen und hat zu meinem Vater gesagt: „Du, wenn dir an mir etwas liegt, musst du nachkommen." Das hat mein Vater kurze Zeit später getan, nachdem er meinem Opa noch ein Haus gebaut hatte.

Mein Vater konnte durch die Kriegswirren und anschließende Vertreibung nichts anderes als Maurer lernen, und das wollte er eigentlich nie. Aber es gab damals keine andere Möglichkeit, und so hat er seinen Maurermeister gemacht und sich bis zum Bauleiter im Hochbauamt Düsseldorf regelrecht hochgearbeitet, immer wieder auch weitergebildet. Was meinen skurrilen Familiennamen betrifft, so hat mein Vater etwas Ahnenforschung betrieben. In Pommern, wo er ja herstammt, gibt es eine Ortschaft, die zu deutscher Zeit 'Naseband' hieß. Der Name ist aber vermutlich anders entstanden. Früher gab es ein Raubrittergeschlecht, die 'Nasse Bande', die oben in Pommern ein Wasserschloß hatte, daher der Name. Und daraus hat sich irgendwann der Familienname Naseband entwickelt. Ich würde meine Hand nicht dafür ins Feuer legen, ob die Geschichte stimmt, aber so hat mein Vater das jedenfalls recherchiert. Meine Vorfahren waren

wohl Raubritter. Wer hat schon Raubritter als Vorfahren? Das ist doch schon mal was.
Meine Mutter kommt aus einer Danziger Arbeiterfamilie, alles ganz anständige, nette Leute, einfach herzliche Menschen. Der Großvater meiner Mutter war selbständig. Er betrieb einen großen Holzhandel und hat auch erfolgreiche Geschäfte mit Rußland gemacht. Mein Opa Gustav arbeitete vor dem Krieg bei der Reichsbahn. Die Männer in der Familie meiner Mutter waren das, was man wohl 'harte Typen' nennen kann. Meine Mutter meint immer, dass ich einiges von diesem Teil der Verwandtschaft abbekommen habe.
Ich war ein Wunschkind, und meine Eltern haben sich sehr über meine Geburt gefreut. Mein Vater musste sogar das Rauchen aufgeben, als ich geboren wurde. Meine Mutter hat ihm sozusagen die 'Pistole auf die Brust' gesetzt. Man kann sagen, dass ich behütet aufgewachsen bin. Ich hatte eine sehr schöne Kindheit, und meine Eltern haben alles für mich getan, was ihnen möglich war.
Wir hatten zuerst eine kleine Wohnung im Düsseldorfer Zooviertel, und später, als mein Vater bei der Stadt als Bauleiter beschäftigt war, bekam er über diese Funktion eine städtische Wohnung, wobei er gleichzeitig auch noch eine Hausmeistertätigkeit innehatte. Es war eine große Wohnung in Düsseldorf-Bilk. Da bin ich dann in die Grundschule gekommen, allerdings habe ich nur die ersten zwei Jahre dort verbracht, weil wir, als ich acht Jahre alt war, nach Düsseldorf-Benrath gezogen sind. Dort haben meine Eltern gebaut, und so bin ich eigentlich in Benrath großgeworden. Meine Kindheitserinnerungen fangen überwiegend dort an. Benrath liegt im Düsseldorfer Süden und hat unterschiedliche soziale Strukturen. Wir wohnten in einer sogenannten gutbürgerlichen Gegend.

Es gibt noch ein schönes Foto, das bei meiner Einschulung gemacht wurde. Ich habe es neulich bei meinen Eltern gefunden und mitgenommen, weil ich in einer Show eingeladen war, zu der man ein Kinderbild mitbringen sollte.
Meine Eltern hatten keine großen finanziellen Mittel zur Verfügung. Ich hatte zwar ein bürgerliches, man kann sagen 'gutbürgerliches' Elternhaus, aber es war nie zuviel Geld da. Doch für uns Kinder war nichts zu schade. Wir waren immer super angezogen und hatten alles, was wir so brauchten.
Meine Eltern hatten durch Krieg und Vertreibung alles verloren. Mein Vater kommt wie gesagt aus einem Dorf aus Pommern. Der Ort hieß zu deutscher Zeit Altwieck und liegt in der Nähe von Stettin. Mein Großvater hatte dort eine eigene Tischlerei, und die Familie von meinem Vater betrieb eine sehr große Landwirtschaft, doch sie mussten alles zurücklassen. Teilweise hat man den Leuten auf der Flucht noch ihre letzten Habseligkeiten abgenommen, so dass sie am Ende nur noch die Kleidung auf ihrem Leib hatten.
Das ist natürlich meinem Opa und der ganzen Familie sehr schwergefallen. Mein Opa hat einen kleinen Knacks im Krieg abbekommen; er war ein sogenannter Kriegsheld und wurde mehrfach mit Orden ausgezeichnet. Hätte er noch zwei oder drei Nahkampftage mehr gehabt, wäre er sogar vom 'Führer' persönlich ausgezeichnet worden. Dieser grausame, unmenschliche Krieg, den mein Opa Tag für Tag meist an der Front miterlebte, hat ihn total verändert. So war er nach dem Krieg, als er aus der Gefangenschaft kam, oft ungerecht zu meinem Vater und hat ihm wenig Liebe entgegen gebracht. Daran hat mein Vater noch heute zu 'knabbern', obwohl mein Opa schon lange tot ist.
Ich war mit meinem Vater vor ungefähr zehn Jahren auf einem Pommerntreffen, und das sind, sofern sie überhaupt

noch leben, jetzt alles alte Leute. Die hatten sich super gefreut, dass mal ein Vertreter der jungen Generation mitgekommen ist. Obwohl es wirklich nett war, habe ich das hauptsächlich meinem Vater zuliebe getan. Er ist nach wie vor sehr heimatverbunden und liest noch regelmäßig seine Pommernzeitung.

Meine eigentliche Erinnerung setzt überwiegend erst nach dem Umzug ein, als ich dann ab der dritten Klasse in eine andere Schule gegangen bin. Das war die Grundschule in der Einsiedelstraße. Ich hatte eine ganz tolle Grundschullehrerin, Frau Forster. Sie war damals so Ende Zwanzig und sehr attraktiv. Ich habe meiner Mutter damals erzählt, dass wenn sie an der Tafel schreibt, ihr Po immer ‘so wackelt’. Das weiß ich noch ganz genau, und so was in der Art wird den Vätern der Schüler wohl auch aufgefallen sein, denn die Elternabende hatten Partycharakter, und alle wollten immer mit unserer Klassenlehrerin tanzen und waren bestimmt auch ein bisschen scharf auf sie. Ich habe diese Lehrerin vor ein paar Jahren nochmals getroffen; sie ist heute so um die sechzig, aber immer noch eine sehr attraktive Frau.
Aus der Grundschulzeit habe ich keine Freunde mehr, aber da sind immer noch Verbindungen zu ein paar Leuten, und wir freuen uns immer, wenn wir uns sehen, um zu erfahren was der andere gerade so macht. So richtig mit Freundschaften ging es erst später auf dem Gymnasium los. Zuerst war ich bis zur 8. Klasse auf dem Schloßgymnasium in Benrath. Bei dieser Gelegenheit: Ich bin wohl der einzige, der die 8a, die 8b und die 8c besucht hat. Das ist eine ganz lustige Geschichte. Ich war auf dem Schloßgymnasium in der 8b und habe im Halbjahr aufs Bonhoeffer–Gymnasium gewechselt. Ich hatte Probleme mit meinem Klassenlehrer,

und so meinten meine Eltern: „Bevor wir uns da Streß antun, gehst du lieber auf eine andere Schule.“ Das war das Bonhoeffer-Gymnasium in Hilden. Dort kam ich in die 8a. Da die Klasse im Stoff viel weiter war, bin ich ‘sitzengeblieben’ und dann in die 8c gekommen. So habe ich alle achten Klassen durchgemacht.
Bis zur 8. Klasse war ich eigentlich ein liebes Kind. Ich weiß gar nicht, warum ich damals mit meinem Englischlehrer Ärger hatte. Also Ärger nicht direkt, aber er hat mich immer so doof angemacht. Wenn irgend etwas vorfiel, dann war das immer ich. Zu Beginn der 8. Klasse war ich kurz Klassensprecher, und dieser Lehrer wollte einmal von mir wissen, wer in der Freistunde so laut war – und das habe ich ihm nicht gesagt. Seitdem mochte er mich nicht mehr.
Als ich dann auf dem zweiten Gymnasium die Klasse wiederholt habe, wurde ich ein ‘Pflegefall’ für die Lehrer. Ich war kein einfacher Schüler mehr, denn ich hatte eigentlich nur noch mein Mofa und Mädels im Kopf und habe mich für die Schule wenig interessiert. Ich glaube, dass ich als Schüler schon sehr anstrengend für meine Lehrer war. Es war zwar die Pubertät, in der man Jugendlichen so einiges verzeiht, aber die Lehrer haben mich sicher oft verflucht.
Zu meinen Lieblingsfächern gehörten auf jeden Fall Sport und Kunst. Mathe habe ich eigentlich auch immer gerne gemacht. Hingegen Sprachen, also bei Sprachen hatte ich so meine Schwierigkeiten. Als Kind hatte ich eine Lese-Rechtschreibschwäche. Ich habe viele Fehler gemacht und hatte Schwierigkeiten beim Lesen. Und als es mit Fremdsprachen losging, konnte ich auch nicht besonders gut englisch sprechen. Aber später hat sich das dann ganz anders entwickelt. Ich habe nebenher als freier Journalist gearbeitet und Berichte für Zeitschriften geschrieben. Ebenso

war ich im Kosovo und habe als Führungskraft eine englischsprachige Mission begleitet. Daran sieht man wieder: Wenn man will, kann man alles lernen.
Ich war, wie gesagt, auf dem Bonhoeffer-Gymnasium in Hilden. Der ganze Laden war ein bisschen 'Öko' angehaucht. Einige Schüler dort waren sogenannte Alternative, und es war für mich schon etwas befremdlich, wenn in den Pausen die Großen von Zeit zu Zeit ihre Joints geraucht haben, obwohl die Schule eigentlich einen sehr guten Ruf hatte – und ihn immer noch hat. Ich dachte nur: „Wo bist du denn hier gelandet? Die rauchen auf dem Schulhof einen Joint, das gibt es doch gar nicht." Es wäre bei uns zu Hause zwar keine Welt zusammengebrochen, aber meine Eltern wären enttäuscht gewesen, wenn sie erfahren hätten, dass ich Drogen nehme oder etwas ähnliches. Sie haben mir oft genug gesagt, tu dies nicht, tu das nicht, klau nicht, mach keine Dummheiten usw.
Ich glaube, weil ich meine Eltern nicht enttäuschen wollte, habe ich mich überwiegend daran gehalten, auch wenn ich mit meinen Freunden zusammen sicherlich eine ganze Menge Blödsinn veranstaltet habe. Meine spätere Berufstätigkeit als Drogenfahnder hat da übrigens noch keine Rolle gespielt. Das war einfach meine Erziehung. Ich war damals ja noch jung, gerade mal dreizehn Jahre alt, und fand das einfach befremdlich. Ich konnte mir in diesem Alter ja nicht vorstellen, einmal bei der Polizei zu arbeiten. Ich habe nur gedacht: „Mensch, haben die keine Angst erwischt zu werden?"
Meine Eltern sind sehr fromme Leute und haben mich auch gläubig erzogen. Sie haben im Kirchenchor gesungen und engagierten sich in der evangelischen Kirchegemeinde. Ich bin auch in eine Jugendgruppe gegangen, wo wir meistens Billard gespielt haben. Da war ich so zehn oder elf Jahre.

In dieser Zeit habe ich angefangen, Trompete zu spielen und war in einem Posaunenchor. Aber dann hatte ich keine Lust mehr. Der Küster war auch der Musiklehrer, ein sehr netter Typ, das muss ich sagen, aber er hatte oft Plaque am Mund, und wenn er einem was vorblasen wollte, hat er die Trompete genommen und mit dem gleichen Mundstück reingeblasen. Das war echt eklig. Daher habe ich auch aufgehört. Heute finde ich es schade, dass ich kein Instrument spielen kann.
Aber ich bin weiterhin auf Freizeiten mitgefahren. Im Sommer war ich mit fünfzehn Jahren in Schottland, mit sechzehn in Österreich. Nebenbei habe ich noch Hausaufgabenbetreuung für sozial schwache Kinder gegeben. Das habe ich nicht gemacht, weil ich so ein guter Mensch bin, sondern weil es fünf Mark in der Stunde dafür gab. Seit meinem 13. Lebensjahr habe ich immer nebenbei gearbeitet, um mir meine Wünsche zu erfüllen. Mein Vater hat mir früher in den Schulferien schon mal Jobs in Baufirmen besorgt. Ich habe im Gerüstbau gearbeitet, bei einer Malerfirma oder beim Zimmermann. Das waren natürlich alles Hilfsarbeiterjobs, aber es gab zehn Mark in der Stunde, und das war damals viel Geld. Auch Prospekte habe ich ausgetragen. Bei der Hausaufgabenbetreuung waren viele Ausländerkinder, die nur schlecht oder gar nicht deutsch sprechen konnten. Ich hatte mal einen Schüler, der dort eigentlich nicht hingehörte, weil er schon 35 Jahre alt war. Er war ein türkischer Opernsänger, der Deutsch lernen sollte. Ich habe es ihm beigebracht, zumindest versuchte ich es. In seiner Familie waren alle sehr nett. Sie haben mich öfter mal eingeladen und mir was türkisches gekocht.
Nachdem ich sitzengeblieben war, bin ich mit ganz neuen Leuten zusammengekommen. Ich war jetzt nicht mehr

wie früher der Jüngste in der Klasse, sondern gehörte zu den etwas ‘Cooleren’. Gegenüber unserer Schule war eine Mädchenschule, bei der ich auch meine spätere Frau kennengelernt habe. Alles was männlich war und sich nicht Hausmeister nannte, durfte dort den Schulhof nicht betreten. Aber neben den vielen hübschen Mädels war das wahrscheinlich gerade der Reiz. Frauen waren in meinem Leben immer schon sehr wichtig und eines der interessantesten aber auch unverständlichsten Themen. Aber dazu später.
Mit fünfzehn hatte ich ein Mofa, das ich mir durch meine diversen Jobs verdient hatte, danach ein Leichtkraftrad. Man könnte sagen, um so mehr PS mein fahrbarer Untersatz hatte, desto weniger Interesse hatte ich an der Schule. In der 9. Klasse musste ich aufgrund meiner Faulheit eine Nachprüfung machen. In Erdkunde ging es damals um das Thema ‘Zentralität’, und meine Mutter meinte: „Lerne doch mit dem Wolfgang.“ ‘Wolle’ ist heute noch ein guter Freund von mir und war immer schon etwas cleverer als die anderen Jungs in der Schule. Aber ‘Wolle’ hatte auch nur Feiern und Partys im Kopf, und wenn er bei mir zum Lernen war, um meine Mutter zu beruhigen, haben wir schon mal mehr oder weniger heimlich was Alkoholisches getrunken. Das Ende vom Lied war, dass ich nach sechs Wochen nur die Definition von ‘Zentralität’ auswendig konnte. ‘Wolle’ ist mittlerweile Doktor, und die Definition kann ich heute immer noch: „Zentralität ist gleich der Bedeutungsüberschuß, den ein Ort über andere Siedlungen durch die Versorgung des Umlandes mit solchen Gütern oder Dienstleistungen hat, die in einzelnen Orten fehlen oder nicht ausreichend zur Verfügung stehen.“ Diesen schlauen Satz habe ich in der Nachprüfung auf die unterschiedlichsten Fragen mehrfach angebracht, und Herr Möllering, mein Erdkundelehrer,

wusste zu schätzen, dass ich in den Ferien zumindest etwas getan hatte, und ließ mich in die Klasse 10 versetzen.
Anfang der zehnten Klasse hatte ich ein wenig Ärger. Wir waren zu dieser Zeit schon ein bisschen abgefahren, aber geschwänzt habe ich fast nie. Das war nie so mein Ding, wir haben anderen Unsinn gemacht. Ich habe zum Beispiel mal im Unterricht geraucht und bin natürlich vom Lehrer erwischt worden. Ich glaube, wir waren einfach auf Konfrontation mit den Lehrern aus, natürlich um den anderen zu zeigen, was wir für 'tolle' Typen sind. Wegen solcher und anderer Geschichten gab es zwei Disziplinarkonferenzen. Mein Vater hatte Mühe zu regeln, dass ich auf der Schule bleiben konnte. Die Lehrer sagten schließlich zu, dass ich bis zum Abschluß der zehnten Klasse bleiben durfte. Im letzten Halbjahr sagten sie dann, ich könne weitermachen, denn es war nichts mehr vorgefallen.

Irgendwann hatte ich dann einen 'Zettel' im Briefkasten, von einem Einstellungsberater der Polizei. Darin hieß es, dass er mal vorbeikommen wolle, um mich über den Beruf des Polizisten zu informieren. Meine Eltern waren zu der Zeit im Urlaub und hatten mich das erste oder zweite Mal alleine gelassen. Das war natürlich eine gute Zeit: Zu Hause eine sturmfreie Bude, immer Freunde und Partys, und dann, wie gesagt, war der Zettel von dem Berater im Briefkasten, und ich habe mir gesagt: „Den könntest du eigentlich mal kommen lassen."
Polizei, eine tolle Sache, mit Hubschrauber fliegen, Porsche und Motorrad fahren usw. So stellte ich mir das zumindest vor. Und dann kam dieser Mensch von der Polizei und war außerdem noch total nett. Er redete mit mir wie mit einem Erwachsenen. Er meinte, ich solle einen Einstellungstest

machen. Ich habe die Unterlagen zunächst für längere Zeit liegenlassen und auch meinen Eltern nichts davon erzählt. Irgendwann habe ich meiner Mutter gesagt, dass ich einen Test bei der Polizei machen wolle. Ehrlich gesagt, habe ich nie bei der Polizei anfangen wollen, weil ich ja manchmal Ärger mit denen hatte. Ich musste immer Geld zahlen, weil ich ohne Helm Mofa fuhr, denn ich wusste, wenn ich einen Helm aufhabe, liegen meine Haare hinterher nicht mehr. Ich hatte so eine Popperfrisur und legte sehr viel Wert auf meine Haare. Dafür, und dass wir öfter mal zu zweit auf dem Mofa gefahren sind, musste ich ab und zu Strafe zahlen. Dann waren wir wieder mal zu schnell gefahren oder hatten die Karre etwas frisiert. Deswegen hatte ich nie einen Gedanken daran verschwendet, zur Polizei zu gehen, habe aber letztlich den Test gemacht, denn dafür gab es zwei Tage schulfrei. Ich wusste, dass dieser Test ziemlich schwierig ist, aber ich dachte mir, dass ich es sowieso nicht schaffe und deswegen den zweiten Tag bestimmt frei haben würde.

Ich habe eigentlich nie so richtig gewußt, was ich nach der Schule beruflich machen wollte. Da mein Vater aus der Baubranche kommt, hatte ich mal überlegt, Architektur zu studieren. Ich habe als Kind manchmal Grundrisse gezeichnet und dachte mir, Architektur, das wäre noch etwas, was mich interessieren könnte. Aber sonst habe ich eigentlich nie spezifische Berufswünsche gehabt. Wenn ich heute meinen Sohn frage, weiß er auch nicht, was er machen soll. Es ist auch sehr schwierig, wenn man nicht gerade vom Elternhaus gesagt bekommt: „Du machst jetzt das oder das, weil du mal vom Papa die Firma übernehmen sollst.“ Und dabei ist es so wichtig, sich für den richtigen Beruf zu entscheiden. Immerhin verbringt man am Arbeitsplatz

den größten Teil seines Lebens, und wenn das dann keinen Spaß macht, ist es die pure Hölle.
Als ich meinen Eltern eröffnete, dass ich zur Polizei wollte, fanden die das ganz klasse: „Der Junge wird nun doch noch mal vernünftig, ein krisensicherer Job." Sie waren sehr begeistert und haben mir für den Test viel Glück gewünscht. Ich habe vor dem Test mit dem dortigen Hausmeister gesprochen, der mir sagte, dass am Vortag von zwanzig Leuten nur zwei bestanden hätten und zwei Tage davor sogar nur einer. Da habe ich mir gesagt: „Na super, da kannst du ja direkt wieder nach Hause fahren."
Es lief dann so ab, dass man zuerst ein Diktat schreiben musste, und ich dachte: „Gut, nach dem Diktat bist du hier wieder weg." Nach der Korrektur riefen die Prüfer die Namen derjenigen auf, die nach Hause gehen konnten. Ich war glücklicherweise nicht dabei. Dann wurde ein kleiner Film gezeigt, und anschließend musste man die Details aufschreiben, die man sich gemerkt hatte: Auto, Kennzeichen, Straßennamen und die ganzen Sachen. Das konnte ich gut. Danach noch ein paar politische Fragen und weitere Tests, und der erste Tag war zu meinem Erstaunen geschafft. Am zweiten Tag standen ärztliche Untersuchungen und Sporttests an. Ich dachte, dass ich damit ja überhaupt keine Probleme haben dürfte. Der Sporttest war eine Lachnummer, obwohl da auch wieder einige rausgeflogen sind. Und das war wirklich einfach, alles indoor. Die hatten nicht mal eine Sporthalle. Man musste Liegestütze machen, Klimmzüge und 'Klappmesser'. Am anstrengendsten war, fünfzigmal auf den Stuhl steigen, oben an die Wand fassen und wieder auf den Boden steigen. Das hört sich zwar leicht an, ist es aber nicht. Danach gab es eine ärztliche Untersuchung. Ich hatte als Kind eine leichte Wirbelsäulenverkrümmung, und

das ist ein Ausschlußkriterium bei der Polizei. Der Arzt fragte mich, ob ich die Finger mit durchgestreckten Beinen auf den Boden bekomme. Ich habe das mit aller Kraft hingekriegt, denn Gelenkigkeit war noch nie meine starke Seite. Der Arzt hat mir leicht auf den Arsch gehauen und gesagt: „Ziehe dich wieder an, alles o.k.“
Das war also mein Test, und dann konnte ich anfangen. Ich habe mir gedacht: „Okay, dann verläßt du halt die Schule.“ Ich hatte sowieso keine Lust mehr drauf, auch wenn ich das Abitur sicher geschafft hätte. Das Problem war ja nicht fehlende Intelligenz, ich war einfach nur stinkend faul.
Mit zarten siebzehn habe ich also bei der Polizei angefangen. Ich hatte noch drei Monate Zeit, bevor es richtig losging, und habe es mir richtig gut gehen lassen. Dazu gehörte auch mein erster Urlaub mit ein paar Freunden ohne Eltern oder Jugendgruppe. Es ging nach Calella in Spanien. Dort sind damals ganz viele junge Leute hingefahren. Ich habe mir mit meinem Freund Jörg zusammen ein Auto gekauft. Einen alten ‘Alfasud’ für 300 Mark. Der Motor war gut, aber die Karre war eine richtige Rostlaube. Der Kotflügel war so löchrig, dass wir Grassoden reingepflanzt haben. Deswegen haben wir sicherheitshalber noch einen Auslandsschutzbrief abgeschlossen und sind losgefahren. Das war schon cool. Da wir keine Autobahngebühren zahlen wollten, sind wir die ganze Zeit Landstraße gefahren, 26 Stunden. Ich war erst siebzehn und hatte noch keinen Führerschein. Daher musste Jörg ganz alleine fahren. Er ist manchmal so geheizt, dass man Angst bekommen konnte.
Wir haben dann zuerst auf einem Campingplatz gelebt. Die Klamotten waren immer nass und dreckig, es hat viel geregnet und war echt die Hölle. Es gab dort einen farbigen Platzwart, der immer, wenn wir laut waren, mit einem

großen Knüppel zu uns kam. Einer von uns musste ihn begleiten, den langen Weg den Berg hinunter, und er hat uns dann im Büro die Hausordnung gezeigt. Nachdem wir diese studiert hatten, durften wir wieder gehen. Das hat uns so genervt, dass wir beschlossen, uns ein Appartement zu mieten. Wir haben ein Vier-Personen-Appartement genommen, in dem wir mit sechzehn Leuten gewohnt haben. Und das Kuriose war, wir hatten eine Toilette, die wir uns noch mit einem angrenzenden Friseursalon teilen mussten. Die Toilette war natürlich immer komplett zu. Ein Wahnsinnsurlaub, halt der erste Urlaub allein. Es waren auch immer paar Mädels da. Ich hatte eine ganz süße Freundin dort. Sie war Spanierin und sprach weder Deutsch noch Englisch. Tja, und ich kein Spanisch. Trotzdem haben wir uns prima verstanden.

Wenn ich mir überlege, was ich damals oder noch vor zehn Jahren für den Urlaub ausgegeben habe, viel weniger als heute. Heute ist es halt so, dass man mindestens ein Vier-Sterne-Hotel möchte, und alles muss super sein. Und groß anstrengen will man sich im Urlaub ja schon gar nicht, sondern es soll in erster Linie bequem sein. Man fährt nur noch Taxi usw. Aber wenn man es mal richtig überlegt, hat es früher mit sehr wenig Geld mindestens genauso viel Spaß gemacht.

Die 'wilden Jahre' gingen dann mit dem Ende des Urlaubes ebenfalls zu Ende. Naja, es ist wild geblieben, aber als Polizeibeamter muss man ja auf sein Äußeres achten und eine gewisse Seriosität ausstrahlen. Man hat mir immer auf die Finger geschaut, erst war es die Polizei, jetzt die Öffentlichkeit. Man kann sich nie groß etwas erlauben. Damit muss man leben.

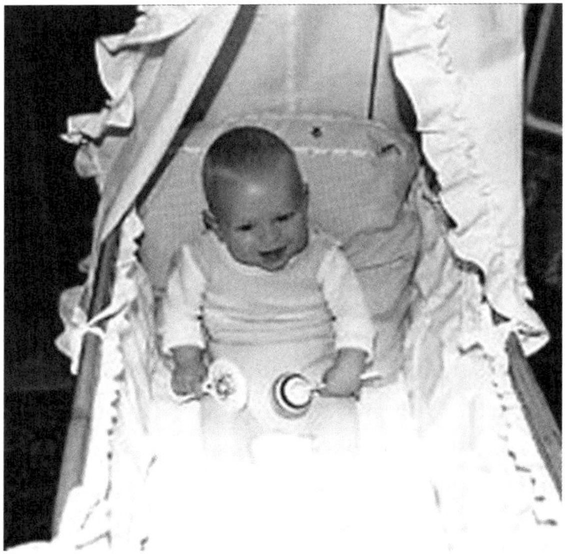

*Michael Naseband fünf Monate alt, 1965.*
*Schon damals ein Lächeln auf den Lippen*

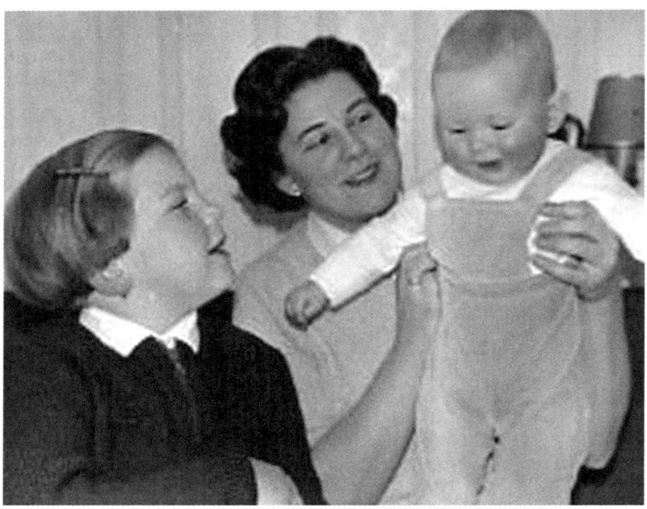

*Michael Naseband mit sieben Monaten*
*zusammen mit Mutter Elsbeth und Schwester Monika*

## *Meine Ausbildung zum Polizeihauptwachtmeister*

Am 1. Oktober 1982 war mein Einstellungstermin; da aber noch Renovierungsarbeiten anstanden, ging es etwa eine Woche später los. Ich weiß noch ganz genau, wie ich am ersten Tag hinkam und wir zuerst mal zur Kleiderkammer gehen mussten, wo uns eine Uniform verpasst wurde. Das war schon ziemlich abgefahren in dem Alter.
Ich war bei der Bereitschaftspolizei, und die Ausbildung dort bestand aus drei Teilen. Im ersten Jahr eine Grundausbildung, das zweite Jahr nennt sich Bereitschaftspolizei, und im dritten Jahr macht man den ersten Fachlehrgang, um dann ausgebildeter Schutzpolizist im mittleren Dienst zu sein. Am ersten Tag wurde man eingekleidet, man hat Bettzeug und Handtücher bekommen, und die Stube wurde zugewiesen. Wir hatten ein Zimmer, etwa 15 bis 18 qm groß, und da haben drei Mann drin gewohnt wie in einer Kaserne. Es gab drei Betten, Spinde, Regale und ein Waschbecken. Das war's dann auch. Und Gemeinschaftsduschen. Zwanzig Duschen in einem Raum.
Das Schönste war aber, dass es am ersten Tag schon Geld gab. Als Beamter erhält man sein Gehalt im voraus, anders als bei einem normalen Arbeitgeber. Da gibt es das Gehalt erst am Ende des Monats. Wir fanden das natürlich geil. Wir kamen dahin und wussten noch gar nicht, was abgeht, als es hieß: „So, ihr habt alle eure Sachen, jetzt müßt ihr noch das Geld abholen. Geht mal zum Zahlmeister." Wir sagten: „Ja wie?" „Na ja, bei uns bekommt ihr das Geld im voraus." „Das ist ja klasse!" Dann sind wir hingegangen, haben etwa 870 Mark bekommen – im ersten Ausbildungsjahr schon eine ganze Menge Geld – und dann durften wir nach Hause

gehen. „Hey, das gibt es doch gar nicht“, haben wir gedacht. „Was für ein geiler Job!“ Und dann sind wir erst mal in die Bahnhofskneipe gegangen und haben ein paar Biere getrunken. Das war schon ein sehr lustiger Anfang.

Die Ausbildung war teilweise relativ hart, fast wie beim Militär. Heute ist das ganz anders. Es darf z.B. kein unangemeldeter Stubendurchgang gemacht werden. Damals war das schon so eine Art Kommiss. Wir wurden ganz schön geschliffen, und wenn man seine Sachen nicht ordentlich erledigte, musste man auch mal länger bleiben oder am Wochenende dableiben. Es war aber gerade im ersten Ausbildungsjahr eine super Gemeinschaft der Polizeischüler, ein bisschen wie in einer Jugendherberge. Wir waren im Alter zwischen sechzehn und fünfundzwanzig, und da steckt man ja in einer bestimmten Entwicklungsphase. Wir haben uns sehr gut verstanden und allen möglichen Blödsinn zusammen gemacht. Ein Ausbilder von uns hat mal gesagt: „Männer, ihr könnt alles machen, nur ihr dürft euch nicht erwischen lassen.“ So haben wir es dann auch gemacht, und meistens hat es geklappt. Wenn es schief ging und man fiel mit etwas auf, wurde man vor die Wahl gestellt, zu kündigen oder etwas an ein Behindertenheim zu spenden. Nach einer Party, die etwas aus dem Ruder gelaufen war, hatte unser Abteilungsleiter, ein sehr umsichtiger Mann, uns vor diese Wahl gestellt. Und hätten wir nicht gespendet, bin ich mir sicher, dass die halbe Klasse rausgeschmissen worden wäre.

Die Ausbildung selbst war gar nicht so einfach, wie wir dachten. Wir mussten wesentlich mehr lernen als früher in der Schule. Strafrecht, Polizeirecht, Staatsbürgerkunde, allgemeinbildender Unterricht, Selbstverteidigung, Schießen, Waffenkunde und natürlich Sport, Sport und Sport. Wir hatten einen acht bis neun Stundentag, der wirklich nur

aus Unterricht und Sport bestand. Das war man gar nicht gewohnt, aber weil es sehr interessant war und mit den anderen Jungs viel Spaß gemacht hat, war das egal.
Untereinander gab es trotz des Altersunterschiedes keine Rivalitäten. Die Älteren waren vorher schon bei der Bundeswehr oder hatten eine andere Ausbildung absolviert und hatten dementsprechend auch mehr Lebenserfahrung, aber das fiel nicht so auf.
Ich war mit Udo und Falk zusammen in einem Zimmer. Udo war sechzehn und Falk schon achtzehn oder neunzehn. Wir hatten als Schulabschluss alle die mittlere Reife, also sozusagen den gleichen Standard, und es ging auf unserem Zimmer recht harmonisch zu. Ich war unter achtzehn, durfte also nach 22 Uhr die Abteilung nicht mehr verlassen, aber das hat kein Mensch kontrolliert. Man hatte fast mehr Freiheiten als zu Hause und war fern ab der Heimat, wenn es auch nur dreißig Kilometer für mich waren. Wir haben nächtelang durchgefeiert, und es hat keinen Menschen interessiert. Man musste am nächsten Tag nur fit sein.
Wir hatten auch einen Polizeidienstausweis, bzw. einen 'Vorläufigen Dienstausweis', so eine orangefarbene Karte, und wir waren echt stolz darauf. Wenn man uns in eine Disko nicht reinlassen wollte, haben wir den Dienstausweis vorgezeigt. Das hat immer geklappt. Als wir aber einmal in Düsseldorf in eine Disko reinwollten, stand ein Farbiger an der Tür, und wir zeigten ihm unsere Ausweise. Er grinste nur und sagte: „Hey, ihr seid ja noch in der Ausbildung.“ Der war früher bei der Militärpolizei und kannte daher diese Ausweise. Sonst hat uns jeder passieren lassen, und ausgerechnet einer, dem man das nicht zutraute, ließ uns nicht herein. Ja, man hat mit dem Ausweis schon seine Späßchen gemacht, später dann natürlich nicht mehr. Aber die Ernst-

haftigkeit des Berufes hat man am Anfang gar nicht richtig verstanden. Das braucht einige Jahre.

Man hat uns in der Ausbildung natürlich eingetrichtert, dass man im Umgang mit dem Ausweis sehr korrekt sein sollte. Durch unsachgemäße Handhabung konnte man auch sehr schnell in den Bereich von Straftaten kommen. Aber wenn man jung ist, nimmt man natürlich nicht alles immer so ernst. Da hat man mal einen Blumenverkäufer in der Stadt angesprochen: „Zeig uns mal deinen Gewerbeschein!" Die bekamen dann Angst, weil sie keinen hatten und haben uns am Ende eine Blume gegeben, damit wir sie in Ruhe ließen. So etwas ist einem heute ja fast peinlich, aber wie gesagt, wir waren jung.

Polizei, das ist natürlich ein großes Thema bei mir, denn ich war immerhin 21 Jahre dabei. Und jetzt bin ich 41. Das ist mehr als die Hälfte meines Lebens. Ich habe dort viele Erfahrungen gesammelt und Sachen erlebt, die mit Sicherheit nicht viele erleben.

Wir waren über hundert Leute, die zusammen die Ausbildung gemacht haben. Da passiert natürlich auch eine ganze Menge. Jeden Montagmorgen, nach dem Wochenende, mussten wir in Reih und Glied antreten, und unser Spieß, Herr Gläsel, ein ziemlich strenger Typ, hat dann immer gefragt: „Meine Herren, gab es am Wochenende besondere Vorkommnisse? Sagen Sie es mir, ich erfahre es sowieso." Es ging dann von Zeit zu Zeit immer mal wieder der eine oder andere Finger hoch, und Herr Gläsel bat die Leute in sein Büro. Es war immer das gleiche Spiel. Die Leute erzählten, was los war, und eine Stunde später hat man sie dann wieder gesehen, wie sie mit ihren Kleidersäcken auf dem Rücken und Tränen in den Augen zur Kleiderkammer gingen, um ihre Uniformen abzugeben. Und damit war es

vorbei. Die konnten nach Hause gehen. Das war knochenhart.
Einer von uns hatte mal in der Kantine eine Schokolade geklaut und wurde sofort rausgeschmissen. Das finde ich in so einem Fall auch richtig. Jedem kann mal was passieren, aber wenn es in die Eigentumskriminalität geht, kann man den Leuten nur noch sagen: „Du hast bei der Polizei nichts verloren."
Man hatte immer diesen Druck, dass man bloß nicht richtige Scheiße bauen darf. Sonst hat man nicht nur die Konsequenzen dafür zu tragen, sondern verliert auch noch seinen Job.
Ich habe einen großen Freundeskreis. Das sind überwiegend Leute, die ich schon seit 25 Jahren oder länger kenne. Alle haben sich gut entwickelt und haben gute Jobs. Wir haben früher richtig Gas gegeben, und auch so manchen Mist gemacht. Trotzdem habe ich oft gedacht: „Mensch, das kannste jetzt nicht machen. Wenn das rauskommt, fliegst du bei der Polizei", und das wollte ich nicht riskieren.
Andererseits hatte man auch ein bisschen den Joker, denn man hatte einen Dienstausweis in der Tasche, auch schon in der Ausbildung, und wenn man von der Polizei angehalten wurde, war man halt Kollege. Das ist heute nicht mehr ganz so. Vor zehn, zwanzig Jahren hat man sich gegenseitig nichts getan. Eine Krähe hackt der anderen eben kein Auge aus. Vielleicht hält der mich nächste Woche an, und dann bin ich auch froh, wenn er mich fahren läßt. Bei kleinen Verfehlungen hat niemand was gesagt; manchmal kam es sogar vor, dass Leute vollkommen betrunken gefahren sind, und dann hieß es nur: „Komm, stell dein Auto ab und geh nach Hause." So läuft das jetzt nicht mehr. Die Polizisten heute denken eher daran, sich nicht an den Karren pinkeln zu lassen. Ist ja auch klar, wenn ich im Dienst bin und bringe

eine Trunkenheitsfahrt nicht zur Anzeige, begehe ich eine Strafvereitelung im Amte. Das kann den Job kosten.
Es war früher sehr kameradschaftlich bei der Polizei, eine ganz andere Stimmung. Das soll nicht heißen, dass es heute schlechter ist, aber da mir Kameradschaft wichtig ist, hat es früher in dieser Beziehung mehr Spaß gemacht. Heute gibt es viel mehr Kontrollinstanzen. Es kann ja auch nicht sein, dass ein Polizist sich mehr als der Normalbürger erlauben darf. In jedem Beruf hat man Vorteile. Wenn ich angehalten werde, weil ich bei Rot über die Ampel gefahren bin und der Kollege mich ermahnt und weiterschickt, ist das ein Vorteil, den ich in meinem Beruf habe. Wenn man zum Beispiel in einer Autofabrik arbeitet, bekommt man 20 oder 25% Rabatt bei einem Neuwagen. So gibt es in jedem Beruf Vorteile. Die Kunst ist, nicht zu übertreiben mit seinen Vorteilen, aber das verstehen manche nicht, und damit machen sich die Leute viele Privilegien selbst kaputt.
In der Ausbildung haben wir natürlich viel Sport betrieben. Ich war damals fit wie ein Turnschuh. In meiner Jugend hatte ich ein bisschen Judo gemacht und etwas gebolzt. Aber in der Ausbildung wurden wir diesbezüglich richtig geschliffen. Wenn wir unseren Ausbilder, Herrn Mohr, fragten: „Was machen wir denn heute beim Sport?“, war seine Antwort jedesmal dieselbe: „Laufen“. Die Leute, die nicht so fit waren oder schon so ein kleines Bäuchlein hatten, haben sich regelmäßig beim Sport übergeben, weil sie an ihre Grenzen gebracht wurden. Und selbst die wirklich Fitten mussten manchmal so lange laufen, bis sie gekotzt haben. Der Vorteil war aber, dass wir nach einem Jahr sportlich voll auf der Höhe waren.
Im Rahmen der Grundausbildung hatten wir die ersten Einsätze und durften etwas reinschnuppern, z.B. als dritter

Mann auf dem Streifenwagen mitfahren. Wir nannten das 'Achslastbeschwerer'. Man durfte nicht selber ran, sondern nur zugucken, wie es die älteren Kollegen machten. Ich war damals im Kreis Mettmann, und dort gab es auch eine Kriminalaktenhaltung. Da habe ich natürlich Freunde, Verwandte usw. überprüft, um festzustellen, ob die aktenkundig geworden waren. Und ich habe in der Familie jemanden gefunden, und ich habe von meinen Freunden jemanden gefunden. Alles zwar harmlose Geschichten, aber wer will schon, dass ein anderer so etwas von einem weiß. Ich habe mir den Spaß gemacht, die Leute teilweise darauf anzusprechen. Sie hatten Angst, dass ich es jemandem erzählen könnte, aber das hätte ich natürlich nie gemacht.
Das erste Jahr mussten wir mit einer Prüfung abschließen, und die meisten haben es gepackt. Es gab aber auch ein paar Leute, die es nicht schafften und wiederholen mussten und auch dann wieder durchgefallen sind, oder besser gesagt, man hat sie durchfallen lassen, weil man sie bei der Polizei nicht wollte. Ich erinnere mich gut an einen Kollegen, der regelrecht gemobbt wurde. Seine Art, die vielleicht wirklich nicht die richtige für diesen Beruf war, gefiel den Ausbildern nicht. Als dieser Kollege auch beim zweiten Mal durchfiel, wurde er entlassen. Er versuchte dann sein Glück in anderen Berufen, aber auch dort hatte er wenig Erfolg. Später hörte ich, dass er wegen einer Reihe von Blitzeinbrüchen in Juweliergeschäfte längere Zeit in Haft saß. Einmal war ich auf einer Düsseldorfer Wache, um dort eine festgenommene Person abzugeben, und genau dieser Exkollege saß dort in der Zelle, weil er wegen irgend etwas wieder festgenommen worden war. Vor ein paar Monaten habe ich ihn zufällig wiedergesehen. Er war mein Taxifahrer. Also hat er sein Leben doch noch in den Griff bekommen, und ich habe ihm ein gutes Trinkgeld gegeben.

Das zweite Ausbildungsjahr war sehr praktisch ausgerichtet und bestand zum großen Teil aus Praktika auf Wachen oder bei der Kriminalpolizei. Man war da ein paar Wochen und dort ein paar Wochen, man ist aber auch schon auf Demonstrationen gefahren, so zum Beispiel nach Brockdorf oder was eben damals aktuell war. Das war natürlich recht hart für uns, weil es auf einmal richtig los ging. Ich war so achtzehn oder neunzehn Jahre alt und merkte, dass nicht alle Leute der Polizei gegenüber eine positive Einstellung hatten, sondern uns mit Steinen und ähnlichem beschmissen. Bei einer Demo bin ich mal von einem Typen angespuckt worden, nur weil ich eine Uniform trug und somit sein Feindbild war. Damit konnte ich gar nicht gut umgehen. Ich war stocksauer und wollte dem Typen an den Kragen, aber die Kollegen haben mich zurückgehalten. Das war auch gut so. Wir mussten lernen, uns im Griff zu haben. Manchmal ist es auch als Polizist schlauer, einen Schritt zurückzugehen, um seine eigene Haut zu retten oder eine Situation nicht eskalieren zu lassen. Dennoch stellt man die Staatsgewalt dar und muss polizeiliche Maßnahmen durchsetzen. Da ist es gar nicht so einfach, immer den richtigen Weg zu finden.

Es ist mir damals nicht schwergefallen, bei Demonstrationen auf der Gegenseite zu stehen, denn ich war politisch wenig interessiert. Ich habe mir beispielsweise überhaupt keine Gedanken darüber gemacht, ob Atomkraft gut ist oder schlecht. Ich war noch nie in meinem Leben selbst Demonstrant. Ich hatte auch kein Interesse daran, mich für irgend etwas zu engagieren, ganz im Gegensatz zu heute. Ich interessiere mich sehr für Politik. Aber das kam erst mit den Jahren. Früher hatten wir einen Auftrag, und den haben wir durchgesetzt. Man ist natürlich in der Gemeinschaft der Polizei stark, und wenn man als Polizist mit Steinen bewor-

fen wird, ist es ihnen völlig egal, was derjenige für eine ideologische Einstellung hat. Der beschmeißt Sie persönlich mit dem Stein, und das ist nicht in Ordnung. Und daraufhin setzt man die entsprechenden Maßnahmen durch, ohne lange zu überlegen. Und wenn mich einer anspuckt, nur weil ich Polizist bin oder eine Uniform trage, weiß der doch gar nicht, was ich für eine Einstellung habe; der diskriminiert mich doch letztlich, weil ich Polizist bin. Wenn einer so seine Meinung vertreten will, ist er bei mir natürlich unten durch, und er muss die Konsequenzen tragen.
Ich hatte nie eine linke Einstellung. Andererseits, nehmen wir die Grünen, wenn wir die Grünen nicht hätten oder damals nicht gehabt hätten, wäre das sehr bedauerlich. Sie bringen Gedanken, die wichtig sind. Wenn alles nur auf der konservativen Linie gelaufen wäre, wer weiß, wie es heute aussähe. Das habe ich aber damals schon so gesehen. Ich selbst war und bin politisch eher konservativ. Das ist vielleicht auch ein bisschen Erziehungssache.
Weil wir noch jung waren, wurden wir auf den Demonstrationen nicht an den härtesten Brennpunkten eingesetzt. Ich habe nur ein- oder zweimal erlebt, dass Wasserwerfer eingesetzt wurden. Der Wasserwerfer voraus, wir hinterher, um alles zu räumen, was sich uns entgegenstellte. Sonst hatten wir meist die Aufgabe, Reserve zu machen und abzuwarten, ob etwas passiert. Wenn dann wirklich etwas eskalierte, sind wir dazu gekommen. Wir haben die Reserve immer genutzt, um Karten zu spielen. Das ist eine echte Polizeikrankheit. Wir haben jede mögliche Minute gezockt. Wenn Bereitschaft war, haben wir nächtelang Karten gespielt, nicht um viel Geld, aber es konnte schon vorkommen, dass ein Hunderter über den Tisch ging. Deswegen fanden wir diese Einsätze auch gut. Wir mussten zwar in Turnhallen auf

einem Feldbett schlafen, aber es gab eine gute Verpflegung, und wir konnten die Karten fliegen lassen. Ich hatte immer schon eine große Affinität zum Zocken. Vielleicht liegt mir das im Blut. In der Familie meiner Mutter gab es auch ein paar Zocker. Das ging teilweise so weit, dass ich auch um viel Geld gespielt habe. Aber das Problem war, dass ich nicht viel verdient habe, und wenn man gewinnt, haut man das Geld schnell für allen möglichen Blödsinn raus, weil es ja nicht das eigene Geld ist, aber wenn man dann verliert, weiß man nicht, wo man es hernehmen soll. Karten spiele ich heute immer noch gerne, aber seit ein paar Jahren nur noch um kleinere Einsätze.
Im zweiten Ausbildungsjahr musste man keine Prüfung machen. Anschließend gab es noch ein weiteres halbes Jahr, in dem man auf die erste Fachprüfung vorbereitet wurde, dann schrieb man einige Klausuren, und wenn das gut lief, war die Ausbildung abgeschlossen.

## *Im Polizeidienst*

Ich war also fertig und hatte natürlich gehofft, irgendwo in den Polizeivollzugsdienst zu kommen. Das war leider nicht so. Ich musste erst mal in so eine Art Einsatzbereitschaft, und da war ich dann zwei Jahre. Wir haben dort viel unsinniges Zeug gemacht, vor allem Reserve. Das hieß, am Wochenende musste man herumhocken und warten, dass etwas passiert. Wenn irgend etwas vorgefallen wäre, wäre man dort hingefahren. Ansonsten ist man zu Demonstrationen gefahren, hat irgendwelche Botschaften in Bonn bewachen müssen oder Geldtransporte für die Landeszentralbank begleitet. Bei diesen Geldtransporten wurden Hunderte von Millionen von einem Ort zum anderen gebracht.
Ich war auch mal im Aufklärungszug bei einer Motorradgruppe. Das war alles nicht stressig, aber man wollte endlich richtigen Polizeidienst leisten. Man war ja 'fertiger Polizist' und musste immer noch so einen 'Scheiß' machen. Zum Glück bin ich zwei Jahre später nach Düsseldorf gekommen, und wo bin ich hingekommen in Düsseldorf? An den Flughafen, dort musste ich Objektschutz machen. Also wieder kein Polizeidienst. Objektschutz ist so ziemlich das langweiligste, was man bei der Polizei tun kann. Man darf keine repressiven Maßnahmen treffen, sondern eben nur ein Objekt schützen, in diesem Falle den Flughafen. Es war an Langweiligkeit kaum zu überbieten. In den ersten drei Monaten war es noch okay, aber dann kannte man jeden Winkel in- und auswendig. Man hat sich aber mit der Aufgabe arrangiert und versucht, das Beste daraus zu machen, indem man sich bemühte, Stewardessen kennenzulernen. Da waren ja genug hübsche Mädels am Flughafen. Oder

wir haben wieder mal Karten gespielt. Zum Glück musste ich da nur ein Jahr bleiben.
Ich bin dann endlich zu einer Polizeiwache versetzt worden. Das war der Schutzbereich V in Düsseldorf, genau genommen die Wache in Garath, ein Problemviertel, sozialer Brennpunkt mit einer hohen Kriminalitätsrate, viele Ausländer. Garath war damals eines der heißesten Pflaster in Düsseldorf. Allerdings, für mich war es sehr interessant, weil man in kurzer Zeit viel lernen konnte, und die Kollegen waren auch klasse. Heute herrscht eine unheimlich hohe Fluktuation auf den Wachen, d.h. man kommt dahin, ist Nr. 20 auf dem Plan und nach zwei Jahren schon Nr. 4. Und in Garath kam ich als Nr. 18 und war nach drei Jahren Nr. 17, weil einer weggegangen ist.
Wir hatten auch eine sehr gute Gemeinschaft dort. Das ist bei der Polizei allgemein so, wenn man zusammen arbeitet, geht man auch öfter mal zusammen einen trinken. Das sind nicht nur Kollegen, sondern zum großen Teil auch Freunde. Ich habe heute immer noch guten Kontakt zu Kollegen von früher. Sie kommen zu meinem Geburtstag, und ich gehe zu ihnen. Das sind teilweise Leute, mit denen ich vor fünfzehn Jahren gearbeitet habe. Man erlebt ja sehr viel zusammen, und man muss sich aufeinander verlassen können. Wenn der eine nicht auf den anderen aufpasst, dann ist das schlecht und kann gefährlich werden. Allerdings, wenn Polizisten zusammen weggehen, dann wird es oft grauselig. Es kann dann schnell mal Stress geben, vor allem, wenn die Leute was getrunken haben. Da muss man immer schön aufpassen.
Ich bin also auf dieser Wache gelandet und habe richtige Polizeiarbeit kennengelernt. Man hatte ein paar 'alte Hasen', die mich im ersten halben Jahr angelernt haben. Ich habe sehr schnell begriffen, wie es funktioniert, und spätestens

nach einem Jahr war ich so weit, dass ich alles alleine machen konnte. Ich war zu dieser Zeit so zweiundzwanzig oder dreiundzwanzig Jahre alt, und mein Dienstrang war Polizeimeister. Man wird in diesem Beruf sehr schnell reif und erfahren, denn man trifft Maßnahmen, die eine ganz schöne Tragweite haben. Man entscheidet über Freiheit oder 'Wegsperren', und man ordnet 'Körperverletzungen' an. Denn eine Blutprobe zum Beispiel ist ja de facto eine Körperverletzung. In Sekundenbruchteilen zu sagen, okay, der muss jetzt festgenommen werden, der muss mitfahren, notfalls auch mit körperlicher Gewalt, das ist in dem Alter schon eine ganz schöne Herausforderung. Das denke ich heute immer noch.
Wo sich später Richter, Staatsanwälte oder Verteidiger ein halbes Jahr Zeit lassen können, um festzustellen, ob der Polizeibeamte die richtigen Maßnahmen getroffen hat, muss der Polizist oftmals im Sekundenbruchteil entscheiden, wie er vorgeht. Man sagt, als Polizist steht man mit einem Bein im Knast und mit dem anderen im Grab. Das ist wirklich so. Und es ist heutzutage auch deswegen ziemlich extrem, weil jeder zweite eine Rechtschutzversicherung hat. Diese Leute wissen, dass der Polizist gegen sie die Maßnahmen getroffen hat, weil sie Mist gebaut haben. Viele versuchen aber trotzdem, dem Polizisten 'eins reinzuflicken'. Der war unfreundlich zu mir, hat sich unkorrekt verhalten usw. Deswegen laufen ständig gegen viele Kollegen Beschwerden oder Strafanzeigen wegen Sachen, die total lächerlich sind. Diese Kollegen haben nur ihren Job gemacht. Jeder vernünftig denkende Mensch weiß, dass der Kollege nichts Falsches getan hat, aber dennoch kann er in der Zeit, in der so ein Verfahren läuft, nicht befördert werden. Dazu kommt noch, dass ein schlechter Ruf an einem hängen bleiben

kann, denn viele Vorgesetzte denken sich: „Na ja, das ist jetzt schon die zweite oder dritte Anzeige, die der Kollege bekommen hat, dann wird da wohl auch etwas dran sein.“ Ich bin mir ganz sicher, dass man Polizisten mit solchen Mitteln regelrecht fertigmachen kann, obwohl sie nichts Verbotenes getan haben.

Ich habe trotzdem immer engagiert gearbeitet. Es gab, glaube ich, keinen Tag, an dem ich nicht gerne zur Arbeit gegangen bin. Ich war jedoch nie einer, der viele Verwarngelder oder Anzeigen wegen irgendwelcher Verkehrsdelikte gemacht hat. Ich habe meinen Schwerpunkt sowieso immer in der Verbrechensbekämpfung gesehen. Jedoch bleibt es einem, der die ‘Ochsentour’ gemacht hat, d.h. sich von unten hoch gearbeitet hat, nicht erspart, ein paar Jahre Streifendienst zu machen, und dazu gehört nun mal auch die Bearbeitung von Verkehrsdelikten. Dabei habe ich aber immer versucht, mit den Leuten zu reden und sie auf ihre Fehler hinzuweisen, als ihnen einfach nur das Bare aus der Tasche zu holen. Sicher habe ich manchmal den Leuten Geld abgenommen, aber nicht besonders oft.

Ich habe zum Beispiel einmal Radar gemacht, und ein junger Typ mit seinem Porsche war um die zwanzig Kilometer zu schnell. Er hatte keinen Führerschein und kein Geld dabei, keine Fahrzeugpapiere, und dann sagte er: „Was machen wir denn jetzt?“ Ich habe seine attraktive Freundin auf dem Beifahrersitz angesehen und gesagt, er solle nach Hause fahren und Geld und Papiere holen und seine Freundin so lange als Pfand bei mir lassen. Ich habe das gar nicht ernst gemeint, aber er hat es für bare Münze genommen und seine Freundin wirklich dagelassen. Eine Viertelstunde später kam er mit seinen Papieren wieder und wollte sein Verwarnungsgeld bezahlen. Ich habe ihm gesagt, dass er seine Freundin als

Pfand dalassen musste, war schon Strafe genug, und er solle seine Freundin lieber von dem Geld zum Essen einladen. Diesen Typen habe ich zwei Wochen später mal in der Düsseldorfer Altstadt getroffen. Wir haben uns nett unterhalten, und er hat mich sogar noch nachts nach Hause gefahren. Er meinte: „Wenn du mir Geld abgenommen hättest, hätt' ich's bezahlt und schnell wieder vergessen, aber so behalte ich die Geschichte in Erinnerung und werde in Zukunft bestimmt eher darauf achten, nicht so schnell zu fahren."
So ein Beispiel zeigt doch, dass der erzieherische Effekt viel größer ist als mit Brachialgewalt vorzugehen. Aber wenn es darauf ankam, habe ich natürlich immer die notwendige Maßnahme durchgezogen, denn als Polizist muss man Stärke zeigen. Man sollte mit den Leuten so sprechen, dass sie es verstehen. Das heißt, dass man sich auf sein Gegenüber einstellen muss. Man kann zu manchen Menschen nicht sagen: „Würden Sie das mal bitte lassen!" Das verstehen die gar nicht, oder sie nehmen es nicht ernst. Nein, da muss man sagen: „Hör den Scheiß auf, oder du fährst mit!" Diese Sprache verstehen sie schon eher. Man kommt so besser klar und hat weniger Ärger. Man darf sich auch nicht verarschen lassen. Wenn man irgendwohin gerufen wird, muss klar sein, wer der Chef ist. Und wenn man das nicht kann, hat man den falschen Beruf gewählt. Bei kleineren Sachen fragen die Leute oft: „Warum halten Sie mich denn an, gehen Sie lieber Verbrecher fangen." Wenn einem jemand so entgegentritt, mit so einem Spruch, ist doch auch klar, dass ich gegen den Maßnahmen treffe, wenn ich etwas finde. Warum sollte ich mit so jemandem diskutieren? Genauso gibt es auch Leute, die es einem nicht ersparen, körperliche Gewalt zur Durchsetzung polizeilicher Maßnahmen anzuwenden. Meist sind dann Alkohol oder Drogen im Spiel. Aber ich denke,

man kann fast alles verbal lösen. Einer meiner Ausbilder hat mal einen guten Satz gesagt: „Unsere beste Waffe ist das Wort."
Meine Mutter sagt öfter zu mir: „Das im Fernsehen bist du, wie ich dich kenne." Ich glaube, so habe ich auch gearbeitet und das ziemlich erfolgreich. Weil ich mein Gegenüber immer menschlich behandelt habe, erzählten mir die größten Kriminellen oft Dinge, die sie sonst der Polizei nicht erzählen würden. Ob jemand einen tollen Job und viel Geld hat, oder einer arbeitslos, Ausländer oder Krimineller ist, ist völlig egal. Man muss ihn menschlich behandeln. Und das habe ich immer versucht zu tun, egal, was einer angestellt hat. So etwas respektieren die Leute.
Natürlich ist es nachvollziehbar, dass man jemanden unter Druck setzt, auch mit der Androhung körperlicher Gewalt, um ein anderes Menschenleben zu retten. Ich denke dabei an das Verhalten des Frankfurter Kollegen im Fall des entführten Bankiersohnes Metzler. Aber wir leben nun mal in einem Rechtsstaat, und da darf so was nicht passieren. Egal, was der Mann gemacht hat, wenn wir Folter anwenden, dann sind wir nicht besser. Es besteht ja immer die Möglichkeit, dass der Verdächtige unschuldig ist. Und wenn ich das einmal mache, habe ich vielleicht nächstes Mal einen Unschuldigen vor mir. Es ist richtig, dass die Verantwortlichen deshalb verurteilt worden sind, auch wenn ihr Handeln menschlich zu verstehen ist. Man will ja schließlich das Leben eines Kindes retten, aber wir sind nun mal dem Gesetz verpflichtet und dürfen diese Mittel nicht anwenden. Und das ist gut so.
Es gibt in jedem Beruf solche und solche. Und es gibt auch Polizisten, denen mal die Hand ausrutscht, wo es nicht legitim ist. Das sind zum Glück wenige, aber es passiert.

Manchmal ist es einfach so, dass das Faß zum Überlaufen gebracht wird. Man hat vielleicht den fünften Einsatz hintereinander, und viermal sind die Leute einem 'superscheiße' entgegengetreten, und da sagt der Fünfte nur mal „piep", und schon bekommt er eine. Da hat er einfach Pech gehabt. Das passiert, auch wenn es sicher falsch ist. Es sind oft Stresssituationen, denen Polizisten ausgesetzt sind, und die sind eben auch nur Menschen. Aber diese sogenannte 'Prügelpolizei' habe ich in 21 Jahren nicht kennengelernt. Es gibt natürlich Kollegen, die schneller Ärger haben. Ich habe mal eine Geschichte erlebt mit einem Kollegen, mit dem ich früher zivil gefahren bin. Wir waren zur Bekämpfung der Straßenkriminalität eingesetzt, haben aber manchmal auch Einsätze übernommen.
Der Kollege war einige Jahre älter als ich und hatte das schon sehr lange gemacht. Und da war so eine Werkstatt, in der Polen herumgeschraubt haben. Die beiden waren völlig besoffen und hatten ein Radio voll aufgedreht. Mein Kollege meinte, dass sie die Musik leiser machen sollten, und dann sind wir wieder gefahren. Zehn Minuten später bekamen wir den Einsatz noch einmal. Wieder der gleiche Krach. Und da hat mein Kollege den Stecker aus der Wand gerissen, hat den einen der beiden durch die ganze Halle vor sich hergeschubst, mitten in einen Haufen alter Reifen und meinte: „Wenn du jetzt noch einen Pieps sagst, dann lernst du mich kennen."
Ich sagte ihm: „Junge, überzieh das mal hier nicht!" Später im Auto sagte er zu mir: „Ich weiß auch nicht, warum ich jetzt so reagiert habe. Aber das war einfach zuviel für mich. Ich kann das nicht ab, wenn mir diese Asis so gegenüber treten. Ich habe das schon oft miterlebt, und wenn die so überhaupt keinen Respekt haben, das kann ich nicht mehr ab."

Dieser Kollege ist dann ein paar Monate später zu unserem Dienststellenleiter gegangen und hat gesagt, sie sollen ihm einen Job geben, bei dem er nicht immer mit diesen Besoffenen zu tun hat, sonst könne er für nichts mehr garantieren. Dieser Kollege war eigentlich ein ganz Lieber, aber seine Reizschwelle war mittlerweile so niedrig, dass er nicht mehr viel brauchte, um zu explodieren. Er ist dann Bezirksbeamter geworden. Ein Job, bei dem er der Ansprechpartner für den Bürger ist und sich auch sozial für die Menschen einsetzt, und somit war alles wieder gut. Teilweise stumpft man als Polizist ganz schön ab, und wenn dann vielleicht noch Probleme im privaten Bereich dazu kommen… Tja, wir sind eben alle nur Menschen.
In den TV-Krimis gibt es zwar immer die Psychologen, die den Polizisten in schwierigen dienstlichen Situationen zur Verfügung stehen, aber die Realität sieht anders aus. Im Polizeipräsidium Düsseldorf hatten wir so jemanden, das fing vor etwa zehn Jahren an, aber ganz ehrlich, die meisten dieser Leute, die Polizeibeamte psychisch betreuen sollen, wissen gar nicht, was Polizeiarbeit bedeutet. Man muss das ganz pragmatisch sehen: Wenn ein Psychologe bei der Polizei anfängt, der sonst in der freien Wirtschaft wesentlich mehr Geld verdienen könnte, ist das in der Regel nicht der Beste. Dazu kommt, dass die zum großen Teil überhaupt keine Ahnung haben, was bei der Polizei abläuft, und wollen dann weise Ratschläge geben. Die kennen das ganze System nicht, die kennen den Job nicht, die meisten Polizisten lachen nur über diese Leute. Warum sollte man sich jemandem anvertrauen, wenn er nicht weiß, wovon man redet und dazu noch befürchten muss, dass anvertraute Dinge weitererzählt werden und sich das Ganze negativ auswirken könnte.

Natürlich ist es gut, dass die Möglichkeit besteht, Hilfe in Anspruch zu nehmen, z.B. wenn man selber geschossen hat und vielleicht ein Mensch getötet wurde. Viele Erlebnisse, die man bei der Polizei hat, sind negativ. Man sieht Dinge, die andere Leute nicht sehen. Man sieht vielleicht, wie Kinder misshandelt werden, man sieht Leichen, man sieht verwahrloste Leute, man sieht Unfallopfer, überfahrene Kinder, das ist nicht immer einfach. Wenn man selbst Kinder hat, ist alles, was mit Kindern zusammenhängt, nicht leicht zu verkraften.

Aber ganz ehrlich: Wenn man das an sich ranläßt, kann man den Beruf nicht lange machen. Ich habe zum Beispiel mal eine 'Bahnleiche' gehabt und gesagt, schau mal, da liegt noch ein Schuh. Es war aber nicht nur der Schuh, da steckte noch der Fuß mit einem Stück vom Unterschenkel drin. Anschließend bin ich auf dem Bahnsteig auf etwas getreten, von dem sich später herausstellte, dass es ein Stück Hirn war. Alles keine schönen Erlebnisse, und man hat anschließend nicht unbedingt Lust, etwas zu essen. Solche Erfahrungen sind wohl auch mit ein Grund, warum Polizisten öfter mal einen trinken gehen. Man amüsiert sich, denkt an andere Sachen und vergisst das Elend. Und am nächsten Tag beginnt ein neuer Tag, und man hat vielleicht auch mal wieder ein positives Erlebnis.

Sehr schwierig ist es natürlich, Angehörigen eine Unglücksbotschaft zu überbringen. Ich musste zum Glück nie eine Todesnachricht überbringen, bei der es sich um ein Kind gehandelt hat. Aber ich musste natürlich Todesnachrichten überbringen, und das ist immer schrecklich. Man muss den Leuten sagen, dass ihr Partner, ihr Vater oder ein anderer nahestehender Mensch tot ist, und man kann nicht lange drum herum reden, man muss es eben aussprechen. In solchen Situationen wird zunächst festgestellt, ob es wirklich die richtige Person ist, mit der man sprechen will. Stellen Sie sich vor, man erzählt einer falschen Person, dass der Ehepartner tot ist, und der kommt dann kurz danach reinspaziert. Wenn man den richtigen Ansprechpartner hat, sagt man es kurz und knapp und fragt denjenigen, ob er Hilfe braucht und ob man ihm jemanden zur Seite stellen soll. Das ist eine sehr undankbare Aufgabe.

Während meiner Zeit auf der Wache in Garath bin ich Polizeiobermeister geworden. Damals hat das mit den Beförderungen ewig gedauert. Fünf oder sechs Jahre waren keine Seltenheit für eine Beförderung, die nur etwa fünfzig Euro Brutto ausmachte. Ich hatte das Glück, schnell befördert zu werden, da meine Beurteilungen meist recht gut waren. Es gab aber auch Vorgesetzte, mit denen ich mich nicht so gut verstanden habe, weil ich nie einer war, der den Leuten in den Hintern gekrochen ist oder ihnen nach dem Mund geredet hat. Ich hatte immer schon meinen eigenen Kopf und auch ein kleines Problem mit Autoritäten. Ich bin zwar normalerweise nett und freundlich, aber wenn ich meine, da ist irgend etwas nicht in Ordnung, muss ich das sagen. Es gibt ja viele Leute, die alles in sich hineinfressen. Das kann ich nicht, ich muss es rauslassen. Die Leute, mit denen ich zu tun habe, wissen, dass ich sehr direkt bin und ich sie nicht anlüge, dass ich ihnen keinen Scheiß erzähle. Aber dafür erwarte ich im Gegenzug eine gewisse Grundehrlichkeit.
Nach meiner Beförderung war ich noch eine ganze Weile auf der Wache in Garath. Meinen beruflichen Schwerpunkt habe ich immer in der Kriminalitätsbekämpfung gesehen und nicht im Verkehrsbereich. Dieses Gebiet hat mich nie besonders interessiert. Es ist zwar notwendig, dass man

Unfälle aufnehmen muss, aber es war immer mein Ziel, zur Kripo zu kommen. Und so habe ich auch auf der Wache in Garath über ein Jahr 'Bekämpfung der Straßenkriminalität' gemacht. Man gehörte ganz normal zur Wache, hat aber in Zivil seinen Dienst verrichtet und versucht, Straftäter zu finden. Ziel war die Bekämpfung von Drogendealern, Autodieben, Einbrechern und ähnliches. Mir lag diese Arbeit sehr, weil ich es vorziehe, frei zu arbeiten. Wenn mir immer einer sagt, du musst jetzt dieses oder jenes machen, ist das nichts für mich. Wenn ich frei arbeite, kann ich kreativ sein, und es macht mehr Spaß. Wenn mir ständig jemand auf den Füßen steht, verliere ich schnell die Lust.

Wir waren vier Dienstgruppen, die rund um die Uhr Dienst verrichtet haben, und pro Dienstgruppe waren es zwei Kollegen, die immer in Zivil gefahren sind. Man hatte einen festen Partner. Wir sind auch mit Fahrrädern oder Motorrollern nachts durch die Gegend gefahren, weil Zweiräder ein sehr gutes Einsatzmittel sind, wenn man in Zivil unterwegs ist. Man wird nicht so schnell als Polizist erkannt, obwohl einen die entsprechenden Leute nach einer gewissen Zeit natürlich kennen. In den Wohnbereichen sind viele Wege und Straßen abgepollert, und mit dem Auto kommt man dort nicht durch. Mit einem Zweirad ist das kein Problem, und man kann Straftäter oder Personen, die man überprüfen will, gut verfolgen. Im Rahmen dieser Tätigkeit haben wir uns auch mit Badehosen ins Freibad gelegt und gewartet, bis etwas passiert. Und siehe da, jemand hatte Spinde in den Umkleidekabinen aufgebrochen. Hört sich zwar nicht so sehr spannend an, aber wegen solcher Dinge muss man auch tätig werden, und wenn man Erfolg hat, dann macht es Spaß. Man hatte natürlich ein Funkgerät bei sich, um Verstärkung oder ein Transportfahrzeug zu rufen. Heutzutage kann man ein Handy benutzen, obwohl das immer Probleme mit der Abrechnung gibt. Bei der Polizeiverwaltung ist natürlich kein Geld übrig, und oft sollen Kosten nicht übernommen werden. Deswegen wollen einige Kollegen keine Dienstgespräche von ihrem privaten Handy führen.

## *Im ‘Sumpf des Verbrechens’*

In dieser Zeit in Garath habe ich mich dann um einen anderen Job bemüht. Dieser war beim ‘Zentralen Fahndungskommando’ im Polizeipräsidium in Düsseldorf. Der Dienst wurde natürlich ausschließlich in Zivil verrichtet. Man hat nur Spät- und Nachtdienst gemacht, also zu den einsatzrelevanten Zeiten, in denen auch verstärkt Straftaten begangen werden. Durch die Dienstzeiten in der Nacht und am Abend gehen natürlich einige soziale Kontakte verloren. Aber so etwas gibt es schließlich auch in anderen Berufen. Unsere eigentliche Aufgabe war es, Haftbefehle zu vollstrecken. Manchmal konnte man die Leute einfach zu Hause abholen, aber häufig haben wir lange ermittelt, um den Aufenthaltsort der Gesuchten herauszubekommen.

Wir haben auch Razzien in Bordellen gemacht. Das war immer eine ziemlich lustige Sache und bei den Kollegen sehr beliebt. Dazu kann ich zwei lustige Geschichten erzählen: Einmal waren wir in einer Villa im Düsseldorfer Norden, die als Bordell genutzt wurde und in der etwa zehn Frauen gearbeitet haben. Bei solchen Einsätzen hatte man immer einen Hundeführer dabei, der unten an der Tür stehenblieb und niemanden hinausließ, und wenn dann auch die äußere Absperrung stand, gingen wir mit vier bis sechs Kollegen rein. Die Leute wissen, dass ab und zu die Polizei vorbeischaut, kein großer Stress also, natürlich unangenehm, weil die Besucher ja anonym bleiben wollen, aber gelegentlich muss es sein. Und dann sagte eine Frau, die auch die Chefin in dem Laden war, zu uns: „Die Mädels sind ganz oben, aber bitte gehen Sie nicht alle hoch.“ Natürlich sind wir alle hochgelaufen, denn jeder wollte sehen, was da an Mädels

so rumläuft. Zuerst haben wir sie gar nicht gefunden und dachten: „Mensch, wo sind die denn?“
Ich öffnete eine Art Schranktür, und dahinter befand sich eine Treppe, die ganz nach oben führte. Dort befand sich so eine Art ‘Spielwiese’. Ich sagte zu allen Anwesenden, die mich noch nicht bemerkt hatten: „Kripo Düsseldorf, lassen Sie sich nicht stören, wir wollen nur kurz die Ausweise sehen!“ Die Freier waren total erschrocken und ich glaube, dass ich vorher noch nie gesehen hatte, wie schnell einer die Erektion verlieren kann.
Die Mädels zogen sich alle etwas über, bis auf eine, die die ganze Zeit nackt blieb. Sie schlich um uns herum und drängte sich immer wieder an uns vorbei, um Körperkontakt herzustellen. Nach einer Weile fragte sie: „Sie haben unsere Personalien aufgenommen, was passiert denn jetzt damit?“
„Na ja“, sagte ich, „wir schreiben jetzt unsere Berichte dazu, wer hier arbeitet, und prüfen eben nochmals alles.“ Schließlich vertraute sie einem anderen Kollegen an: „Ich bin eigentlich Grundschullehrerin, und das sollte ja keiner erfahren was ich hier mache!“ Wir konnten es nicht glauben.
Um zur zweiten Geschichte zu kommen: Wir überprüften einen großen Bordellbetrieb, heute immer noch ein Nobelbordell in Düsseldorf, und da war ein 19-jähriges Mädel, das dort als Prostituierte arbeitete. Sie sah eigentlich viel jünger aus, und ich fragte sie: „Was sagt denn deine Mama dazu, was du hier so machst?“ Sie wollte antworten, aber dann kam im Hintergrund eine ganz tiefe Frauenstimme und rief: „Ich halte immer die Hand dazwischen!“ Das war ihre Mutter, die auch dort arbeitete. Man erlebt schon viele pikante Sachen, und das macht einen gewissen Reiz in dem Job aus.
Natürlich gab es aber auch härtere Aufträge, vor allem im Bereich ‘Rauschgift’. Die Rauschgiftkriminalität zu

bekämpfen, versucht man von unten nach oben, das heißt: Man schnappt sich einen Konsumenten, der augenscheinlich gerade etwas gekauft hat. Diese Leute sind oft hochgradig drogenabhängig, denen ist alles egal, Hauptsache, sie bekommen ihren Stoff. Wenn man Glück hat, macht dieser Konsument eine Aussage auf den letzten oder einen anderen Dealer. Die 'Junkies' erzählen dann häufig, von wem sie in welcher Wohnung oder an welcher Ecke was kaufen. Es ist nicht einfach, beispielsweise Heroindealer zu schnappen. Viele transportieren das Heroin in kleinen Kugeln zu 0,1 bis 0,3 Gramm im Mund, und zwar teilweise bis zu dreißig von diesen Kugeln. Wenn man sie überprüfen will, schlucken sie diese einfach herunter und warten, bis sie sie wieder ausscheiden. Wenn man so einen schnappen will, muss man ihm beim ersten Ansprechen direkt an den Hals greifen, damit er nicht schlucken kann, d.h. man muss sich mit ihm prügeln, weil diese Leute fast immer erbitterten Widerstand leisten.

Eine andere Möglichkeit besteht darin, durch Aussagen weiterzukommen. Wenn man weiß, aus welchem Gebäude heraus verkauft wird, observiert man dort, schaut, wer geht da rein, wer geht wann wieder raus. Gehen da viele rein, oder eher wenige? Man betrachtet sich die Personen und überlegt, ob sie in den Drogenbereich reinpassen. Trifft das auf jemanden zu, verfolgt man ihn um zwei oder drei Straßenecken und überprüft ihn dann, d.h. neben einer Personalienfeststellung wird er körperlich durchsucht. Das Ganze passiert meist auf der Straße und abgesetzt von dem Haus, damit der Dealer keinen Verdacht schöpft. Meistens findet man etwas, sei es Haschisch, Heroin, Koks etc.

Der nächste Schritt ist die Frage „Wo hast du das Zeug her?" Im Betäubungsmittelgesetz gibt es den § 31, der vereinfacht besagt: „Wenn du der Polizei sagst, wo das Zeug her ist, kann deine Strafe erlassen oder gemindert werden." Daher erzählen viele Konsumenten, wo sie ihre Drogen gekauft haben. Damit hat man eine Aussage. Dann schnappt man sich vielleicht noch einen, besorgt sich eine zweite Aussage und fällt bei dem Dealer in die Bude ein. Dann geht's ab, wie man es aus dem Fernsehen kennt. Da wird die Tür aufgetreten, vier bis sechs Leute stürmen rein, und die ganze Bude wird auf den Kopf gestellt.

Viele Dealer haben sehr gute Verstecke, und man findet nichts, oder man findet etwas, was man aber keiner Person zuordnen kann, weil es an allgemein zugänglichen Orten, wie Erddepots usw. versteckt ist. Aber oftmals wird man auch fündig. Man hat jemanden festgenommen und ist vielleicht schon im Bereich von 20, 50 oder 100 Gramm. Dann mache ich dem das Angebot: „Paß auf, Junge, du kennst ja den § 31 vom Betäubungsmittelgesetz, wenn du jetzt bei deinem Dealer noch mal ein Kilo oder mehr bestellst und wir ihn mit den Drogen festnehmen können, kann sich das für dich gut auswirken." Das ist der nächste Schritt. Wenn der Dealer keinen Verdacht schöpft und wir den auch noch kriegen, kommt man immer weiter bis an die 'großen Fische'.

Danach wird das Ganze in der Regel, begleitend mit Telefonüberwachungen und einigen anderen Mitteln, von Dienststellen übernommen, die im Bereich der organisierten Drogenkriminalität arbeiten. Eine sehr interessante Aufgabe, aber auch recht schwierig, weil diese Leute meistens ziemlich clever sind. Zum Beispiel sind im Bereich Düsseldorfer Hauptbahnhof viele Heroindealer Schwarzafrikaner. Es ist eine richtige Mafia. Die werden in ihrem Heimatland angeworben, wo man ihnen sagt: „Du gehst nach Deutschland und verkaufst dort ein paar Monate Drogen." Das machen

die auch, weil sie wissen: „Genau, mit dem, was ich da verdiene, hat meine Familie in Afrika ein schönes Leben. Und die kriegen mich sowieso nicht, weil ich ja eigentlich gar nicht hier sein darf."
Will man sie überprüfen, laufen sie weg oder leisten Widerstand bis zum Letzten. Wie ich vorhin schon erwähnte, gibt es kaum Festnahmen ohne Gegenwehr. Man muss sich immer prügeln. Da diese Leute oft sehr kräftig sind, liegen schließlich zwei, drei Polizisten auf einem Schwarzafrikaner und versuchen ihn zu bändigen, und dann kommen Passanten dazu und sagen: „Was machen Sie denn mit diesem armen Menschen, nur weil der schwarz ist?" Die verstehen gar nicht, um was es geht. Und wenn wir dann sagen, wir sind von der Kripo, wir machen unseren Job, heißt es: „Aber das können Sie doch mit dem Mann nicht machen." Dass der vorher Heroin verkauft hat, wissen die Leute nicht. Man hat ja auch als Polizist in dieser Situation keine Zeit für Erklärungen. Keine einfache Aufgabe. Gegen diese Kollegen laufen immer wieder Anzeigen wegen Körperverletzung im Amte oder Freiheitsberaubung, und sie haben oft auch körperliche Blessuren.
Zu allem Überfluß kommt noch die Gefahr dazu, sich mit Aids zu infizieren, denn von den Konsumenten gibt es einige, die HIV-positiv sind. Oder sie haben Hepatitis, oder sonst etwas Ansteckendes. Da muss man schon ganz schön vorsichtig sein. Ich habe zum Beispiel bei der Durchsuchung einer Person in die Jackentasche gefasst und mir dabei die Spitze einer gebrauchten Spritze in einen Finger gerammt. Danach gab es ein paar Monate in meinem Leben, in denen ich gedacht habe, hast du es jetzt oder hast du es nicht. Es hat einige Zeit gedauert, bis der Arzt mir bestätigte, ich hätte kein Aids, und darüber macht man sich schon Gedanken.

Schließlich geht es ja nicht nur um einen selbst, sondern auch um die Familie.
Aber eigentlich habe ich in gefährlichen Situationen immer Glück gehabt. Es ist noch nie auf mich geschossen worden, doch es wollte mich mal jemand mit einer Axt erschlagen. Ich war noch auf der Wache in Garath, und wir hatten einen Einsatz bei einem Mann, der seine Frau rausgeschmissen hatte, oder sie ist abgehauen – auf jeden Fall hat er mit einer Axt sämtliche Möbel zerlegt. Wir wollten in die Wohnung und ihn zum Schutze seiner eigenen Person in Gewahrsam nehmen. Wir bekamen die Tür aber nicht richtig auf, weil der ganze Schutt der Möbel davor lag. Schließlich schafften wir es, die Tür einen kleinen Spalt zu öffnen, und ich konnte in die Wohnung hineinsehen. Ich war halb in der Tür, und hinter mir drückte mein Kollege, der aber noch gar nichts sehen konnte. Dann sah ich diesen Verrückten da in der Wohnung, er hatte sich ganz ausgezogen, die Axt erhoben in der Hand, und er lief direkt auf mich zu. Ich habe versucht, an meine Waffe zu kommen, was nicht gelang, weil die Tür dazwischen war. Wieder rauszukommen ging aber auch nicht, weil mein Kollege von hinten drückte. Der wusste ja nicht, was sich abspielte. Ich dachte: „Scheiße, das war's."
Da ich nichts machen konnte, habe ich den Typen 'volle Kanne' angeschrieen, richtig hysterisch. Er lief mit der erhobenen Axt noch etwa 1,5 Meter auf mich zu und ließ dann die Axt fallen. Hätte ich nicht so geschrieen, hätte er draufgeschlagen, hundertprozentig. Der war im absoluten Wahn. Solche Typen, die gar nichts mehr merken, hat man öfter.
Wir hatten mal einen auf der Wache, auch zum Schutze seiner eigenen Person, der sein eigenes Auto mit einem Baseballschläger total zu Schrott geschlagen hatte. Der

Grund war, dass Fortuna Düsseldorf ein Fußballspiel verloren hatte. Solche Leute sind in diesem Stadium zu allem fähig. Wir haben einen Arzt bestellt, denn um jemanden in die Psychiatrie einzuweisen, braucht man die Entscheidung vom Ordnungsamt und vom Amtsarzt. Meistens handelt es sich um ein paar Tage, und in der Regel werden die Leute danach wieder entlassen. Bis Arzt und Ordnungsamt nach Alarmierung kommen, kann schon mal eine Stunde vergehen. In dieser Zeit haben wir die Person in eine Zelle gesperrt. Er hat sich in seiner Zelle nackt ausgezogen, 'sein Geschäft' dort auf dem Boden verrichtet und sich mit seinem Kot von oben bis unten eingeschmiert. Er dachte sich wahrscheinlich, dass die Polizei ihn dann nicht mehr anfasst. Und das war auch so. Wir machten die Zellentür auf, und er lief direkt auf uns zu. Wir wollten auf keinen Fall körperlichen Kontakt mit ihm haben, gingen also in einen anderen Raum und machten die Tür zu. Er konnte sich ohnehin nur in der Zelle und dem Gang davor bewegen. Es gibt da immer noch Sicherheitstüren. Er war aber so aggressiv, dass er einen Lichtschalter aus der Wand gerissen hat, mit den bloßen Fingern, dann hat er die stromführenden Kabel rausgerissen und in die Kabel reingebissen. Er hat natürlich einen satten Stromschlag abbekommen. Jetzt musste etwas passieren, und wir haben eine herumliegende Decke genommen und ihn damit gepackt, um ihn unter Kontrolle zu bekommen. Letztlich mussten wir ihn regelrecht niederprügeln. Der hat keine Schmerzen gespürt.

Das ist so eine Erfahrung, die man macht, wenn die Leute so richtig 'wahnig' sind; mit denen kann man anstellen, was man will, die spüren keine Schmerzen. Die spüren einfach nichts. Die einzige Chance, die man hat, besteht darin, dass man sie ganz schnell zu Boden bringt und fesselt. Sonst hat

man keine Chance. Und selbst, wenn sie mit Hand- und Fußfesseln gefesselt am Boden liegen, beißen oder spucken sie noch. Die merken nichts, die haben kein Empfinden mehr. Natürlich hat ein solches Verhalten später eine Bedeutung für das Strafmaß. Es gibt eben Leute, die mal einen Ausraster haben oder sogar echte Geisteskrankheiten, und man kann sie nicht verurteilen wie einen Täter, der bei klarem Verstand handelt.
Umgekehrt kann man als verletzter Polizist auch kein Schmerzensgeld bei diesen Menschen einklagen. Ich selbst habe nie einen Pfennig gekriegt. Ich hatte Prellungen, Schürfungen, auch mal ein geschwollenes Auge, war aber zum Glück nie ernsthaft verletzt. Trotzdem, bei einer Rippenprellung ist man drei Monate beeinträchtigt, kann kaum Sport machen, auch nicht richtig liegen. In so einem Fall habe ich mal einen angezeigt, der mich geschlagen und mir seinen Ellenbogen in die Rippen gestoßen hatte. Ich hatte ein Veilchen, und die Rippen waren geprellt, deswegen wollte ich Schmerzensgeld. Ich musste zum Anwalt und dann zum Gericht. Der Täter hat mich parallel selbst angezeigt, obwohl ich mich nur gewehrt hatte. Sein Anwalt argumentierte vor Gericht, der käme aus einer ganz alten Korbflechterfamilie, und das wären doch so angesehene Leute. Das Gericht hat ihm dreihundert Mark und Einstellung des Verfahrens angeboten, und das hat er nicht mal angenommen. Das sei zuviel für ihn. Ich dachte nur: „Das machst du nie mehr wieder. Den ganzen Ärger und Stress." Schmerzensgeld habe ich natürlich nicht bekommen. Da war angeblich nichts zu holen. Seitdem bin ich nie mehr zu einer Verhandlung gegangen, wenn ich nicht geladen war. Und sobald ich meine Aussage vor Gericht gemacht hatte, bin ich sofort nach Hause gefahren, weil ich das Strafmaß gar nicht mitbekommen wollte.

Das kann frustrierend sein. Man macht sich viel Arbeit, trägt vielleicht noch Blessuren davon, und die Leute werden mit einer kleinen Geldstrafe bedient, oder das Verfahren wird eingestellt. Man muss sich davon lösen zu erwarten, dass Leute richtig bestraft werden.

Anfangs war ich deswegen oft frustriert und dachte: „Jetzt hast du die Leute auf das Revier geschleift, und die werden dann freigesprochen oder bekommen ganz geringe Strafen." Doch nach mehreren Erfahrungen dieser Art habe ich gesagt: „Egal, was der kriegt, du hast deinen Job gut gemacht, was danach passiert, kann dir letztlich egal sein."

Natürlich wird man auch anonym bedroht, doch das sind immer die gleichen Drohungen: „Wenn ich mal aus dem Knast komme, find ich dich!" Aber wenn die Leute wieder draußen sind, sind sie in erster Linie froh über ihre Freiheit und wollen nichts riskieren. Wie schon gesagt, habe ich immer versucht, vernünftig mit den Leuten umzugehen, und dann hat man eigentlich auch keine Probleme. Ich erinnere mich an einen Transport während meiner Zeit beim 'Zentralen Fahndungskommando'.

Wir waren zufällig auf einer Wache, und ein Kollege fragte, ob wir einen Gefangenen mit ins Präsidium nehmen könnten, der wegen Wohnungseinbruch festgenommen worden war. Da das sowieso unsere Richtung war, haben wir den Festgenommenen mitgenommen. Unterwegs kamen wir ins Gespräch. Der Typ war ganz in Ordnung. Hatte eben Mist gebaut und wusste, dass er jetzt die Konsequenzen dafür tragen musste. Auf dem Weg ins Präsidium hatte ich noch etwas zu erledigen. Eine Bekannte von mir hatte eine Gaststätte, und dort musste ich etwas abholen. Es war zwei Uhr nachts und keine Gäste mehr im Lokal. Der Festgenommene sagte zu uns: „He, könnt ihr mich nicht mit rein nehmen, ich

kann doch eine Cola trinken.“ Mein Kollege und ich haben uns angeschaut, dann sagten wir: „Na, komm halt mit rein, aber versuch bloß nicht abzuhauen.“ Dann haben wir ihn in die Kneipe mitgenommen, natürlich ohne Handschellen. Meine Bekannte freute sich, dass wir vorbeikamen, und wir erzählten ihr, wer der Typ war. Sie fand es recht lustig und fragte, ob wir etwas trinken wollten. Der Nachtdienst war eh gelaufen, und mein Kollege und ich tranken ein Bier, der Festgenommene eine Cola. Da meinte er: „Ihr braucht keine Sorge zu haben, das glaubt mir sowieso niemand: Die Bullen schnappen mich bei einem Einbruch, nehmen mich dann mit in eine Kneipe, trinken Bier und ich Cola. Das glaubt mir kein Mensch.“ Der Hammer kam noch: Wir saßen an der Theke mit dem Festgenommenen, meine Bekannte stand hinter der Theke, und der Festgenommene sagte: „Du wohnst hier oben drüber, oder?“ Sie fragte, woher er das wüsste, und er antwortete: „Na, ich habe mir mal überlegt, die zwei Spielautomaten in deiner Kneipe zu knacken, aber nachdem ich rausbekommen habe, dass du da oben wohnst, habe ich das lieber bleibenlassen!“ Der wusste ganz genau, was in der Kneipe abging, das war unglaublich. Wir haben ihn dann in Gewahrsam gebracht und ihm noch ein Päckchen Tabak gekauft, weil er okay war.
Wenn ich jetzt in Düsseldorf spazieren gehe, treffe ich immer mal wieder ‘alte Kunden’. Neulich stand ich an der Ampel, neben mir ein aufgemotzter 3er BMW, zwei Türken drin, und einer rief: „He, ich kenn dich vom Fernsehen, aber du hast mich auch schon mal in echt eingesperrt.“ Die haben dann noch gewunken, als sie weggefahren sind. Ich hatte eigentlich nie große Probleme, wenn ich gegen Leute tätig geworden bin und sie mir später begegneten. Es kann ein Problem sein, wenn man in der Stadt lebt, in der man als

Polizist arbeitet. Aber wie gesagt, geht man vernünftig mit den Leuten um, hat man in der Regel auch keine Probleme. Wenn die Leute einigermaßen klar denken können, wissen sie, dass ich nur meinen Job mache. Ich treffe in der Altstadt immer Leute, die mich von früher kennen, weil ich sie mal festgenommen habe, und dann heißt es: „He, der Bulle von Sat.1. Ich kenn dich noch von früher. Trinkst du ein Bier mit uns?" Das mache ich von Zeit zu Zeit, warum auch nicht. Mein Lebensmotto ist einfach: „Leben und leben lassen."

*Ausbildung bei der Polizei beendet, 1984*

*Motorradausbildung bei der Polizei, 1986*

*Auf der Karriereleiter*

In der Zeit, in der ich beim Zentralen Fahndungskommando war, habe ich mich für den gehobenen Dienst beworben. Man musste ein Jahr lang das Abitur nachholen und dann ein dreijähriges Studium absolvieren, das Ganze bei vollem Geld, d.h. man bekam sein Gehalt weiter bezahlt. Meine Vorgesetzten sagten: „Okay, dann sieh zu, dass du den Test schaffst.“
Ich hatte aber leider etwas in meiner Personalakte stehen, denn einmal bin ich nachts durch die Altstadt gegangen, leicht ‘angeschickert’, mit einem Kollegen, und da waren zwei ‘in Grün’, die bei einem parkenden Fahrzeug ein ‘Knöllchen’ geschrieben haben. Ich konnte es nicht glauben und habe gefragt, ob sie schon mal auf die Uhr gesehen hätten. Der Wagen störte niemanden, und außerdem gehörte der ruhende Verkehr nicht zu unseren originären Aufgaben. Die Diskussion schaukelte sich derart hoch, dass ich bei dem Leiter von deren Wache antanzen musste, weil ein Disziplinarverfahren gegen mich eingeleitet worden war. Ich hätte die Maßnahmen der Kollegen schlecht gemacht, und andere Leute hätten das mitbekommen. Diese Kleinigkeit hat einen ‘Riesenrattenschwanz’ nach sich gezogen. Schließlich landete die Sache in meiner Personalakte. Das ist oft so bei der Polizei: Man macht immer gute Arbeit und leistet sich einmal eine Kleinigkeit. Die gute Arbeit wird dann schnell vergessen, und es drohen Disziplinarmaßnahmen.
Als ich bei dem vierwöchigen Test war, der darüber entschied, ob ich zum Studium gehen durfte oder nicht, haben die Prüfer die Sache wohl in meiner Akte gelesen. Ich hatte die schriftlichen Arbeiten alle bestanden, doch im Mündlichen hat man mich deswegen ‘abgesägt’. Damit war das

Thema erst einmal für die nächsten drei Jahre erledigt. Als ich dann den Test erneut machte, habe ich die Arbeiten so gut geschrieben, dass sie mir im Mündlichen hätten geben können, was sie wollten. Und letztlich bekam ich auch mündlich gute Noten, und damit war ich dabei. Ich hatte sehr viel gelernt und mich gut vorbereitet. Ich wollte das unbedingt schaffen. Es war nicht so, dass ich Vorgesetzter von irgendwem werden wollte. Mir ging es einfach darum, dass ich alle ein bis zwei Jahre einen neuen Chef hatte, bei dem ich meine alten Privilegien immer wieder neu durchsetzen musste, obwohl ich oft mehr Ahnung hatte als er selbst. Außerdem wollte ich fest zur Kriminalpolizei, und das ging damals nicht ohne Studium. Deshalb habe ich alles daran gesetzt, damit es klappen würde.
In Bühl bei der Bereitschaftspolizei habe ich das Fachabitur gemacht. Wir hatten Mathe, Englisch und alles, was eben zum Abitur benötigt wird. Es war aber sehr entspannt, denn die Lehrer waren nicht viel älter als wir, und wir haben nach dem Unterricht zusammen Tennis gespielt oder ein Bier getrunken. Von 1993 bis 1994 habe ich die Abi-Klasse nachgemacht. Da war ich knapp dreißig Jahre alt. Es war nicht wie in der Schule, sondern sehr locker, aber man musste seine Leistungen bringen. Wir wussten ja, worauf es ankommt. Die Zusammenarbeit zwischen Schülern und Lehrern klappte gut. Einer von uns hatte was mit einer Lehrerin, und so wussten wir, was in der Arbeit drankommt. Leider war das nicht in allen Fächern so.
Mich persönlich haben die Lehrerinnen nicht so interessiert. In der Polizeiausbildungsstätte waren sehr hübsche Auszubildende, die teilweise schon um die 25 Jahre alt waren, und bei denen sind wir sehr gut angekommen. Wir waren dreißig, und sie wussten, wir sind auf der Schwelle zum

gehobenen Dienst. Wir waren coole, sportliche Typen, und die 'Bubis', die sie in ihrer Ausbildung hatten, haben sie sowieso nicht sonderlich interessiert. Deswegen war es für uns auch relativ einfach, eine von ihnen kennenzulernen. Aus diesem Grund mochten uns die männlichen Auszubildenden verständlicherweise nicht. Es gab viele Partys, das ist in allen Ausbildungseinheiten so. Die Mädels haben uns immer eingeladen, die Jungs uns aber nicht reingelassen.
Schließlich habe ich dieses Jahr erfolgreich zu Ende gebracht, sogar mit einem Notendurchschnitt von 1,5, und das lag mit Sicherheit auch an den umgänglichen Lehrern.
Danach begann ein dreijähriges polizeibezogenes Verwaltungsstudium, das in viele verschiedene Richtungen ging: Natürlich wieder die Rechtsfächer, d.h. Strafrecht, Polizeirecht, öffentliches Dienstrecht, aber auch Psychologie, Kriminologie, Kriminalistik, Führungslehre und einiges andere. Ich habe noch das dreijährige Studium alter Art absolviert, heute macht man nur noch ein zweijähriges Studium. Mit dem dreijährigen Studium hatte man, wenn man zur Schutzpolizei gegangen ist, automatisch einen Anspruch auf eine Führungsposition. Das ist heute nicht mehr so. Bei der Kripo war es sowieso anders. Da waren alle Kommissare, da war man einer von vielen trotz Studium, aber ohne diesen 'Kommissarstitel' ist man da nicht dauerhaft hingekommen. Und weil ich eh zur Kripo wollte, war das für mich natürlich eine ideale Ausbildung.
Das Studium war im nachhinein betrachtet wirklich sehr interessant, und mein Horizont hat sich dadurch unheimlich erweitert, sowohl sprachlich als auch von der Allgemeinbildung her. Es hat mich einfach über den Tellerrand hinausblicken lassen. Ich habe mich auf einmal für Dinge interessiert, die mich früher kaltgelassen haben.

In diesen drei Jahren gab es eine ganz Reihe Praktika. Das erste habe ich beim ‘Rauschgift’ gemacht. Anschließend absolvierte ich ein Praktikum beim Kommissariat für Betrug. Das war nicht so spannend, das übliche Problem bei Massenkriminalität. Jeden Tag wurden einem zahlreiche neue Anzeigen auf den Tisch gelegt, und man war bemüht, diese so schnell wie möglich wieder vom Tisch zu kriegen. Es ging gar nicht mehr darum, die Delikte aufzuklären, weil es sowieso kaum Anhaltspunkte gab. Man wollte die Vorgänge eigentlich nur weghaben, weil es am nächsten Tag wieder einen ganzen Stapel neue gab. Danach habe ich ein sehr interessantes Praktikum bei der Kriminalwache gemacht, wo man auch viele Leichensachen bearbeitet.

Die Kriminalwache arbeitet in der Zeit, in der die Fachkommissariate nicht mehr besetzt sind, und übernimmt alle Art von Delikten, die für die Kriminalpolizei relevant sind. Es wird von 16 Uhr bis 7 Uhr morgens in zwei Schichten gearbeitet, und man übernimmt Leichensachen, Raubüberfälle, Sexualdelikte, Einbrüche usw. Es gibt eben sehr viele Facetten bei der Kriminalpolizei. Ich habe einige Leichensachen gehabt. Was die Ermittlungen der Kriminalpolizei anbelangt, ist das zwar unglaublich interessant, aber die Leichen selber anzusehen und zu untersuchen, daran muss man sich erst einmal gewöhnen.

## *Am Tatort*

Die wenigsten wissen, wie es ist, wenn man zum Tatort kommt: Irgendwo wird eine Leiche gefunden. Die Kollegen von der Schutzpolizei sind erfahrungsgemäß die ersten am Leichenfundort, da sie über die Leitstelle verständigt werden. Sie schauen sich die Sache an und versuchen in der Regel, zunächst einen Hausarzt einzuschalten, es sei denn, es handelt sich augenscheinlich um ein Tötungsdelikt. In diesen Fällen wird direkt die Mordkommission gebildet.

Der Hausarzt kennt die Krankengeschichte und kann einen natürlichen Tod bescheinigen. Damit wäre die Sache für die Polizei erledigt. Meist haben die Hausärzte aber keine Lust oder keine Zeit, und es wird der Notarzt gerufen. Da er die Krankengeschichte aber nicht kennt, bescheinigt er in der Regel auch keinen natürlichen Tod.

Dann kommt die Kriminalpolizei ins Spiel. Zunächst fotografiert man das, was man am Tatort sieht. Wiederum schaut man, ob es Anzeichen für einen gewaltsamen Tod gibt. Wenn nicht, schneidet man der Leiche alle Kleidungsstücke vom Körper, bis sie vollständig entkleidet ist. Mann oder Frau, das ist ganz egal. Tot ist tot. Dann liegt ein nackter toter Körper vor einem. Man tastet zunächst die Schädeldecke ab, ob Brüche am Schädeldach zu fühlen sind, und versucht, Haare auszureißen. Daran kann man gewisse Dinge erkennen. Dann schaut man in die Bindehäute der Augen, ob Unterblutungen zu sehen sind, was zum Beispiel für einen Erstickungstod spricht. Man betrachtet die Farbe der Zunge, um mögliche Anzeichen für eine Vergiftung festzustellen. Danach tastet man den Brustkorb ab und fühlt, ob die Leiche Rippenbrüche hat. Wenn man bei einem toten Körper

auf den Brustkorb drückt, gibt er komische Laute von sich. Das hört sich an, als wenn jemand stöhnt, und ist damit zu erklären, dass man Luft aus den Lungen drückt.
Das alles ist schon ziemlich befremdlich, aber es gehört zum Job. Man schaut auch bei Frauen in alle Körperöffnungen, denn es könnte ja ein sexualmotiviertes Delikt vorliegen. Das heißt, man schaut in die Vagina und in den After, ob da vielleicht noch was drinsteckt. Die meisten Leute denken, dass so etwas in der Gerichtsmedizin gemacht wird, aber es ist Aufgabe der Kripo.
Ein Toter behält ja nicht alles bei sich, d.h. oft entleert sich der Darm oder der Magen. Ich habe einmal erlebt, dass wir jemanden, der sich erhängt hatte, abgeschnitten hatten. Mein Kollege hatte den Strick durchtrennt, und ich habe mir den Toten über die Schulter fallen lassen. Der Mageninhalt des Toten hat sich dann auf meinen Rücken ergossen.
Ein anderes Mal war ich in einer Wohnung, und es war dunkel, weil die Leiche schon länger lag und mittlerweile der Strom abgestellt war. Ich dachte: „Was knackt denn da so beim Laufen?" Außerdem stank es erbärmlich. Als wir die Taschenlampen anmachten, sahen wir Tausende von Maden, also Fliegenlarven, die aus dem verwesenden toten Körper geschlüpft waren. Meine Schuhe habe ich danach direkt weggeschmissen.
Bei einer weiteren Gelegenheit bin ich auf einen Balkon gekommen, auf dem ein künstlicher Rasen lag, und alles stand unter Wasser. Wir stellten fest, dass es sich um Leichenflüssigkeit handelte, die aus dem dortigen Wandschrank ausgetreten war. Der Sohn hatte seine Mutter ermordet und im Wandschrank auf dem Balkon verkeilt. Die Leiche war zwar in mehrere Müllsäcke, Schlafsäcke und wiederum Müllsäcke eingewickelt, aber die Flüssigkeit suchte sich ih-

ren Weg, denn die Leichen laufen teilweise aus, eine richtige Suppe. Der Körper verfällt ja langsam, verwest, und dadurch geht irgendwann die Flüssigkeit verloren. Das kann entsprechend der Witterung sehr rasch gehen. Auch Maden bilden sich ganz schnell. Oftmals wird die Polizei gerufen, wenn in einer Wohnung bzw. im Treppenhaus auffallend viel Fliegen herumschwirren und keiner der Mitbewohner weiß, wo sie herkommen. Dann atmen Sie im Treppenhaus wie ein Hund und denken sich, das könnte eine Leichensache sein. Wer diesen Geruch einmal wahrgenommen hat, vergißt ihn nicht. Wenn man in solch einer Situation die betreffende Wohnung öffnet, kommt einem häufig ein Schwall von Tausenden von Fliegen entgegen, die sich alle aus dem Leichnam gebildet haben. Man muss erst einmal das Fenster aufmachen, damit die Fliegen verschwinden. Aber dann gibt es immer noch den Gestank – und der ist wirklich erbärmlich. In unserer heutigen Gesellschaft kümmern sich die Leute nicht mehr richtig umeinander, und wenn ein Hausbewohner lange nicht mehr gesehen wird, machen sich die Mitbewohner oft erst Gedanken, nachdem es im Haus anfängt zu riechen. Wenn ein Tötungsdelikt dahintersteckt, sieht man das unter dem kriminalistischen Aspekt und sagt sich, hier ist ein Schwerstverbrechen passiert, das aufgeklärt werden muss. Aber wenn die Achtzigjährige 'plötzlich und unerwartet' stirbt, muss ich trotzdem die gleichen Maßnahmen treffen wie bei einem Gewaltverbrechen, weil man ein solches nicht grundsätzlich ausschließen kann. In den meisten Fällen ist das unsinnig, aber immer noch besser, als wenn ein Tötungsdelikt nicht als solches erkannt wird.

In dem Fall mit der Leiche im Schrank sind wir von den Hausbewohnern gerufen worden, die sich über den Gestank im Innenhof beschwert haben. Zuerst waren die Kollegen von der Schutzpolizei da und haben durch Befragen der Hausbewohner erfahren, dass man die Frau schon seit vier Wochen nicht mehr gesehen hatte. Die Kollegen gingen an die Wohnungstür, und niemand öffnete. Außerdem hat es ein bisschen durch die Tür gerochen, aber sehr dezent. Sie entschieden sich, die Wohnungstür durch einen Schlüsseldienst öffnen zu lassen, haben aber in der Wohnung zunächst nichts gefunden, denn sie war in einem tadellos aufgeräumten Zustand, und man roch nur ganz wenig. Schließlich haben sie die Balkontür aufgemacht, und da hat es dann tierisch gestunken. Daraufhin alarmierten sie uns. Mit der Flüssigkeit auf dem Balkonboden konnten wir zunächst nichts anfangen. Wir öffneten den Wandschrank, aus dem uns ein großes verschnürtes Bündel entgegenfiel. Es waren Schlafsäcke, die wiederum in Müllsäcken steckten, und darin war ein Gegenstand zu ertasten. Bevor wir eine Mordkommission auslösen, müssen wir uns natürlich vergewissern, dass es sich um eine Leiche handelt, es könnte ja auch ein totes Tier sein. Das heißt, wir mussten den Inhalt auspacken und haben gesehen, aha, das ist ein Fuß, und dann wussten wir natürlich, das ist ein Mensch. In so einem Fall lassen wir die Finger davon, um den Spezialisten die Spurensuche nicht zu erschweren. Dafür ist die Kriminalwache nicht mehr zuständig, sondern die Kollegen von der eigentlichen Mordkommission. Von denen wird dann jeder Quadratzentimeter der Wohnung untersucht und jede Faser, jeder Fingerabdruck usw. gesichert.

Später stellte sich heraus, dass der Sohn seine Mutter mit einem Hammer erschlagen hatte. Er hat die Leiche im Schrank auf dem Balkon verkeilt, weil er wohl dachte, dass es keiner merkt und der Leichengeruch abziehen kann. Anschließend hat er noch ein paar Tage in der Wohnung gelebt und wollte

sich dann absetzen. Der Sohn hatte seine schlafende Mutter im Bett erschlagen, und folglich gab es sehr viele Blutspritzer an der Wand. Darum hatte er das komplette Zimmer renoviert; die Polizei verfügt jedoch über die geeigneten Mittel, um diese Spuren wieder sichtbar zu machen.
Bei derartigen Leichensachen macht die Arbeit sogar Spaß. Natürlich ist 'Spaß' das falsche Wort, aber es ist einfach sehr interessant. Wenn man weiß, es ist da ein alter Mann oder eine alte Frau gestorben, weil ihre Zeit abgelaufen ist, ist das reine Routinearbeit. Aber wenn ein Tötungsdelikt dahintersteckt, will man bis ins kleinste ergründen, wie die Tat abgelaufen ist. Und es ist sehr spannend, wenn man Schritt für Schritt weiterkommt.
Die meisten Kollegen ziehen sich bei der Arbeit an der Leiche Einmalhandschuhe an. Ich dagegen habe diese 'Klohandschuhe' verwendet, weil sie bis zum Ellbogen gehen und dicker vom Material sind. Tote Menschen zu sehen macht mir nichts aus, Riechen ist schon grenzwertig, aber diese halbverfaulten Leichen auch noch anzufassen, das ist nicht schön. Wenn es allzu sehr riecht, reibt man sich am besten diese Heilpflanzentropfen unter die Nase, damit man mehr Pfefferminz riecht. Aber dann vermischt sich das mit diesem süßlichen Leichengeruch, und es riecht auch nicht viel besser als ohne. Man stumpft im allgemeinen etwas ab, wenn man über viele Jahre diesen Beruf macht. Dinge, die andere Menschen ernstlich berühren, wo die denken, wie schrecklich, da sage ich vielleicht, was soll´s.

So habe ich zumindest bis vor kurzem gedacht. Weil ich die Opfer nie persönlich kannte. Aber am 19.08.2006 ist Eva, eine sehr gute Freundin von mir, auf grausame und hinterlistige Art ermordet worden. Sie wollte nur ihr Auto verkaufen und ging nach einer Probefahrt zu dem angeblichen Käufer in die Wohnung, um den Kaufvertrag zu schließen. Der wollte aber gar nicht bezahlen und hatte vorher schon mit einem Komplizen zusammen geplant, Eva zu ermorden, um an das nur 8000 Euro teure Auto zu gelangen. Weil Eva so einen großen Freundeskreis hatte, der sich schon kurz nach ihrem Verschwinden große Sorgen machte, erstatteten wir wenige Stunden später eine Vermisstenanzeige, und ihr Fahrzeug wurde zur Fahndung ausgeschrieben. Die Täter fielen auf einem Automarkt in Bremen auf, weil sie im Fahrzeug saßen und bei sommerlichen Temperaturen Handschuhe trugen. Beide konnten festgenommen werden und haben die kaltblütig geplante Tat gestanden. Dass mein alter Freund Udo, mit dem ich mir während der Grundausbildung bei der Polizei als Siebzehnjähriger ein Zimmer teilte, diese Mordkommission leiten würde, hätten wir uns beide damals nicht vorstellen können. Was die Täter unserer Freundin angetan haben, ist unbegreiflich und unfassbar. Sie haben nicht nur ihr Leben beendet, sondern auch das Leben vieler anderer Menschen verändert. Besonders Evas Eltern, aber auch ihre Freunde verspüren einen ungeheuren Schmerz. Eva war ein sehr lebenslustiger Mensch und jeder mochte sie. Wir vermissen sie alle sehr und werden sie nie vergessen.

Eine Mordkommission setzt sich immer aus Kollegen verschiedener Fachkommissariate zusammen. Mein Fachkommissariat war Raub; außerdem gibt es Kollegen, die Sexualstraftaten, Ausländerdelikte oder ähnliches bearbeiten. Man versucht so, die Spezialisten aller Bereiche in einer Kommission zu vereinen. Insgesamt arbeiten 10, 15, 20 oder mehr Leute an einem Fall. Die Leitung einer Mordkommission obliegt den Leuten aus dem Kommissariat für Todeser-

mittlungen. Ich wurde gefragt, ob ich Interesse hätte, fest zu diesem Kommissariat zu wechseln. Aber da dort die Arbeit an der Leiche gemacht wird, habe ich abgelehnt. Davon hatte ich genug. Ich habe lieber innerhalb der Mordkommission in einem Ermittlungsteam gearbeitet. Das ist meines Erachtens auch das Interessanteste. Man führt Vernehmungen von Zeugen und Beschuldigten durch, macht Telefonüberwachungen oder sucht flüchtige Täter. Dabei kommt es mit der Zeit zu einem besonderen Phänomen: Man sieht in vielen Typen potentielle Verbrecher. Wenn ich Leute beobachte, meine ich zu erkennen, ob mit denen alles okay ist oder etwas nicht stimmt. Ich weiß nicht, woran man das festmacht, aber man bekommt einfach einen Blick dafür. Natürlich funktioniert das nicht immer. Vor allem bei Frauen ist es sehr schwer, denn irgendwie ist ja jede Frau eine geborene Schauspielerin.
Im Rahmen meines Studiums habe ich ein viermonatiges Praktikum beim Landeskriminalamt gemacht, wo ich organisierte Rauschgiftkriminalität bearbeitet habe. Bevor ich dort hinging, dachte ich immer: „Mensch, Landeskriminalamt, das ist bestimmt das Richtige für dich." Man kann sagen, dass das Landeskriminalamt das deutsche FBI ist. Und man kennt das ja aus den amerikanischen Krimis. Das sind immer die coolen Typen mit Sonnenbrille, die die Leitung des Einsatzes übernehmen. So was wollte ich auch machen. Um zu sehen, wie es funktioniert, habe ich dieses Praktikum gemacht. Die vier Monate wurden aber wirklich sehr lang. Ich habe mich noch nie so gelangweilt wie dort. Die Arbeit dieser Kollegen besteht zu einem großen Teil darin, Telefone abzuhören, und zwar monatelang. Aus einer Telefonüberwachung ergibt sich wieder eine andere, und noch eine dritte und vierte. Dann sprechen die abgehörten Leute nicht nur Deutsch, sondern Russisch, Polnisch, Türkisch, Albanisch oder sonst irgendeine

Sprache. Das heißt, man braucht einen Dolmetscher, der alles übersetzt, was da in Monaten zusammengequatscht wird, und am Ende muss man wissen und verstehen, was eigentlich abgeht. Solche Telefonüberwachungen sind natürlich manchmal sehr lustig, weil man die Privatgespräche mithört. Und ein kleiner Voyeur steckt ja in uns allen. Einmal hörten wir zwei Prostituierte ab, die sich gegenseitig ihre Bettgeschichten erzählten. Natürlich ging es auch schon mal um dreißig oder vierzig Kilo Heroin oder Zigtausende von Extasy-Pillen, das waren dann richtig große Verfahren. Aber die Ermittlungsarbeit an sich war mir zu langweilig. Ein halbes Jahr im stillen Kämmerlein durch Telefonüberwachung oder Observationen, die auch von anderen durchgeführt wurden, ermitteln und dann zuschlagen. Es folgen zwei Wochen Vernehmungen, und am Ende wird ein Abschlussbericht geschrieben. Danach geht das Ganze in einem anderen Fall wieder von vorne los. Dazu kommt noch ein totaler Bürokratismus, der dort herrscht. Wenn die Unterschrift nicht rechts, sondern links unten ist, bekommt man den Vorgang zurück. Im übrigen laufen dort viel zu viele Leute rum, die meinen, wichtig zu sein; dabei können sie schon froh sein, wenn sie es schaffen, fehlerfrei geradeaus zu laufen.

Außerdem ist es mir wichtig, Kontakt zu Menschen zu haben. Beim LKA gibt es fast nur Kontakte zu den eigenen Kollegen, außer bei Festnahmen, alle halbe Jahre mal. Und für mich ist der Kontakt zu anderen Menschen eine der positiven Seiten in diesem Beruf. Die vier Monate dort waren sehr heilsam für mich. Ich wusste genau, dass das nichts für mich ist.

Jedenfalls habe ich das Studium mit einer Prüfung abgeschlossen und wurde dann zum Kriminalkommissar und Diplomverwaltungswirt ernannt.

## *Bei der Kripo*

Nun folgte meine Versetzung zur Kripo im Polizeipräsidium Düsseldorf. Ich hatte mich darum bemüht, ins Kriminalkommissariat 31 zu kommen. Dort wurden Raubdelikte bearbeitet, also Bankraub, Raub in Wohnungen, Geschäftsüberfälle und ähnliche Delikte. Schwere Straftaten, die in der Regel eine Mindeststrafandrohung von drei Jahren Freiheitsstrafe haben.

Ich hatte Glück, dort genommen zu werden, denn es war ein sehr begehrtes Kommissariat, nicht nur wegen der Arbeit, sondern auch wegen der dortigen Kollegen und der Leitung. Ich hatte einen tollen Chef, Jürgen Doebler. Er hat uns alle sehr frei arbeiten lassen und war auch menschlich ein absolut feiner Kerl. Es hat richtig Spaß gemacht, dort zu arbeiten. Ich hatte einen festen Partner, mit dem ich zusammen die Verfahren bearbeitet habe. Man wurde dort nicht mit Vorgängen überschüttet, sondern hat drei, vier, höchstens fünf Vorgänge gleichzeitig bearbeitet. So konnte man sich wirklich gut darum kümmern, was keineswegs selbstverständlich bei der Kripo ist. Man hatte dort die Zeit, tief in die Ermittlungsarbeit einzusteigen.

Ich hatte dort sehr viele interessante Fälle, aber es gab einen besonders spektakulären und medienträchtigen Fall. Ständig stand etwas darüber in der Zeitung, und ich war deswegen auch in einigen Talkshows. Im September 1999 überfiel eine alte Frau eine Sparkasse. Mit vorgehaltener Waffe bedrohte sie die Kassiererin. Diese ältere Dame wurde auf etwa sechzig bis siebzig Jahre geschätzt. Die Kassiererin war so perplex, so geschockt, dass sie keinen Alarm und damit auch nicht die Raumüberwachungsanlage ausgelöst

hat. Die Täterin ging sehr resolut vor. Die Kassiererin händigte der älteren Dame 30.000 Mark aus, und die konnte ebenso unauffällig verschwinden wie sie gekommen war. Es wurde kein Alarm ausgelöst, es gab keine Bilder der Raumüberwachungskamera, keine brauchbaren Spuren und außer der Kassiererin keine Zeugen. Wir hatten nichts und kamen auch mit den Ermittlungen nicht weiter.
Dann folgte der zweite Überfall, etwa ein halbes Jahr später. Von der Beschreibung her genau die gleiche Täterin, genau das gleiche Handlungsmuster. Wieder eine Kassiererin, die wiederum mit einer Schußwaffe bedroht wurde. Nur die Beute war etwas geringer, so um die 20.000 Mark. Und auch diesmal war die Kassiererin so perplex, dass sie die Raumüberwachungskamera nicht ausgelöst hat. Wir hatten weder Spuren noch Bilder, wir hatten nichts. Der zweite Überfall einer alten Frau, der nicht aufgeklärt werden konnte.
Und dann kam die dritte Sache, weitere vier Monate später. Wieder ein Überfall auf eine Sparkassenfiliale, wieder eine Kassiererin, bloß war die endlich so clever und hat den Alarm und die Kamera ausgelöst. Wir hatten Bilder, so gut wie Passfotos. Die Täterin hatte zwar eine Sonnenbrille und eine Mütze auf, aber die Gesichtskonturen konnte man sehr gut erkennen. Dann wurde auf einem Parkplatz hinter der Bank die Tatbekleidung aufgefunden. Dort hatte sich die Frau umgezogen und die Tatbekleidung in einen an den Parkplatz angrenzenden Garten geschmissen. Somit hatten wir auch DNA-Spuren. Ich war mir sicher, jetzt kriegen wir sie.
Wir sind mit dem Bild aus der Bank in die Presse gegangen. Es war in allen Zeitungen und in allen möglichen TV-Sendungen. Wir bekamen Hinweise auf fünfzig bis sechzig verschiedene Frauen, die als mögliche Täterin in Frage

kamen. Nachdem ich diese Hinweise sortiert und vorläufig abgecheckt hatte, blieben etwa zwanzig Personen übrig. Die anderen muss man natürlich auch überprüfen, aber das lässt man erst mal außen vor, bis die 'guten' Spuren abgearbeitet sind. Wir haben einige der älteren Frauen aufgesucht und mit ihnen gesprochen, stellten aber fest, dass das Aussehen dieser Frauen von dem der Täterin abwich. Eine Frau sah jedoch genauso aus wie die Bankräuberin. Da noch andere Umstände dazu kamen, nahmen wir diese Frau vorläufig fest. Bei ihr passte alles. Die Kassiererin hatte beim zweiten Überfall angegeben, dass die Täterin den rechten Arm nicht bewegen konnte, und die festgenommene Frau hatte zu dieser Zeit einen Schlüsselbeinbruch. Außerdem litt sie unter großen Geldproblemen und hatte Eingänge auf ihrem Konto, die nicht nachzuvollziehen waren. Man wusste einfach genau, das musste Beutegeld sein. Wir haben sie nach der Festnahme in unser Kommissariat gebracht und vernommen.
Die Vernehmung ging über viele Stunden. Diese Frau konnte die Indizien wie den unbeweglichen Arm und die Geldeingänge auf ihrem Konto zwar nicht erklären, aber beteuerte immer wieder, dass sie damit nichts zu tun habe. Sie sagte: „Was wollen Sie eigentlich von mir, Sie haben doch auch nichts in meiner Wohnung gefunden." Das stimmte leider. Eine durchgeführte Wohnungsdurchsuchung blieb erfolglos, denn es wurde nichts Verdächtiges gefunden.
Nach ein paar Stunden Vernehmung kam der Sohn dieser 65 Jahre alten Frau völlig aufgebracht in unsere Dienststelle: „Was machen Sie mit meiner Mutter? Sie können doch meine Mutter nicht einfach so festnehmen!" Als ich ihm dann die Bilder der Überwachungskamera aus der Bank zeigte, sagte er: „Ja, das ist meine Mutter. Ohne Frage! Ich fasse es nicht. Meine Mutter eine Bankräuberin."

Wir dachten schon, der Fall wäre geklärt, mussten aber noch die an der aufgefundenen Tatbekleidung gesicherte DNA mit der der Verdächtigen abgleichen. Zu unser aller Erstaunen passte das nicht zusammen. Die DNA der Frau passte nicht zu der DNA der Tatbekleidung. Das heißt, wir mussten diese Frau laufen lassen, obwohl wir sicher waren, dass sie die Täterin war. Warum paßte die DNA nicht zusammen? Vielleicht hatte das Labor, in dem die Proben von der Tatbekleidung genommen wurden, schlampig gearbeitet, vielleicht nicht die DNA der gesamten Kleidung genommen, sondern nur von einer Stelle. Vielleicht hatte die Täterin diese Kleidung aus der Altkleidersammlung und sie nur für die letzte Tat benutzt, und wir fanden deshalb lediglich die DNA der früheren Besitzerin. Ich weiß es bis heute nicht.
Ich hatte mich dann dazu entschieden, von allen Frauen, die als Täterin in Frage kamen, DNA-Proben zu nehmen. Wir waren mit diesem Fall auch bei 'Aktenzeichen XY'. Dort erhält man meist eine große Resonanz und bekommt viele Hinweise. Aber man muss das differenzieren. Viele Leute wollen sich einfach nur wichtig machen und geben Hinweise, die man von vornherein ausschließen kann. Andere wollen vielleicht ihrer alten Nachbarin eins auswischen und 'schwärzen' sie an. Mit diesen Hinweisen kommt man nicht weiter, sie bedeuten aber dennoch viel Arbeit.
Mittlerweile hatten wir auf Grund des großen Medieninteresses Hinweise auf weitere Frauen aus dem gesamten Bundesgebiet, und ich war derjenige, der insgesamt vierzig bis fünfzig ältere Damen, alle so im Alter zwischen 55 und 75, zum DNA-Test gebeten hat – ein in Deutschland bis dahin einmaliger Vorgang, Frauen dieses Alters zum DNA-Test zu bitten.

Egal woher ein Hinweis kommt, die Arbeit läuft folgendermaßen ab: Zunächst nutzt man die zur Verfügung stehenden polizeilichen Dateien, um möglichst viel über die betreffende Person zu erfahren. Dann besorgt man sich über das Einwohnermeldeamt oder aus der Kriminalakte, sofern eine solche existiert, ein Bild. Diese Bilder können natürlich schon mehrere Jahre alt sein. Wenn das Aussehen nur ein wenig passt, fährt man zu der Adresse, um sich ein persönliches Bild zu machen und mit der Person zu reden, Alibiabklärung usw. In diesem speziellen Fall gestaltete sich das recht abstrus. Man hatte drei schwere Straftaten, die es aufzuklären galt, und musste dabei sehr behutsam vorgehen. Die Frauen waren alle über 55 Jahre alt und hatten zum größten Teil noch nie in ihrem Leben etwas mit der Polizei zu tun. Man kann da schlecht hingehen und sagen: „Guten Tag, wir sind von der Kripo und wollten mal fragen, ob Sie drei Banken überfallen haben."
Irgendwie haben wir es hingekriegt, dass niemand einen Herzinfarkt bekam, und dabei noch einige wirklich spaßige Dinge erlebt. Man klingelt, und es dauert ewig, bis die Tür aufgeht. Dann wird geöffnet, und eine alte Omi steht mit einem Gehwagen vor einem. Wie soll die eine Bank überfallen haben? Gerade diese Oma mit dem Gehwagen sagte, als wir ihr erzählten, worum es ging: „Das finde ich aber super, dass die Polizei mir so was noch zutraut!" So richtig geschockt war keine dieser älteren Frauen. Es war eher so, dass wir uns an den Wohnzimmertisch setzen mussten und erst mal zum Kaffee eingeladen wurden. Oftmals gab es auch noch ein Stück selbst gemachten Kuchen dazu. Viele dieser Frauen lebten völlig allein und haben sich gefreut, dass sie sich mit jemandem unterhalten konnten und endlich mal wieder was in ihrem Leben passiert. Einige baten darum,

dass wir mal öfter vorbeikommen sollten, und eine wollte mich sogar mit ihrer Tochter verkuppeln.
Diese Bankräuberin wurde bis heute nicht gefaßt. Als ich 2002 in den Kosovo gehen wollte, hat mein Chef im Spaß gesagt, dass er mich erst gehen ließe, wenn der Bankraub-Oma-Fall geklärt ist. 'Bankraub-Oma', diesen Namen hat die Presse unserer Täterin gegeben. Noch heute bearbeitet Uli, mein ehemaliger Partner, den Fall. Von Zeit zu Zeit kommen vereinzelte Hinweise. Ich glaube nicht, dass der Fall noch geklärt wird. Da seit 2002 nichts mehr vorgefallen ist, ist die Frau entweder verstorben oder sie traut sich nicht mehr. Vielleicht war es ja auch die, die wir bereits festgenommen hatten und wieder gehen lassen mussten.
Mir hat dieser Fall dennoch viel Spaß gemacht, und ich habe natürlich gewisse Sympathien für die alte Dame. So hat es wohl auch die Bevölkerung gesehen. Der überwiegende Teil wollte gar nicht, dass die Oma gefasst und bestraft wird. Aber bei aller Sympathie darf man nicht vergessen, dass es sich um schwere Straftaten handelt. Dazu kommt, dass sich die Kassiererin der ersten Bank in psychiatrische Behandlung begeben musste, weil sie einen Schock erlitten hatte. In die Mündung einer Pistole zu gucken, ist ja auch nicht besonders angenehm.
Ich hätte gerne gewusst, wer die Täterin war, und warum sie die Taten begangen hat, aber in unserem Beruf muss man sich damit abfinden, dass man nicht jeden Fall aufklären kann. Von dem Foto aus der Raumüberwachungskamera habe ich mir ein riesiges Poster machen lassen, dass jetzt gerahmt in meinem Schlafzimmer hängt. Ich war in vielen Talkshows, weil ich der Bulle war, der eine alte Frau nicht fangen konnte, und habe sogar vom Düsseldorfer Karnevalsprinzen einen Orden dafür bekommen. Darüber muss man natürlich schmunzeln.

## *Mordkommission*

Ich war also im Kommissariat 31, einem Fachkommissariat für Raubdelikte. Zusätzlich konnte man sich noch für einen Mordkommissionenpool melden. Das ist eine freiwillige Geschichte. Wenn man genommen wird, muss man auch Bereitschaften übernehmen. Die gehen über eine Woche, in der man Tag und Nacht erreichbar sein muss. Ich habe in meiner Zeit dort einige interessante Mordkommissionen begleitet. Es ist anders als die übliche Polizeiarbeit. Normalerweise bearbeitet ein einzelner Kriminalbeamter nicht nur ein Verfahren, sondern drei, fünf oder zehn parallel. Und wenn man im Bereich der Massenkriminalität arbeitet, können das auch fünfzig Fälle gleichzeitig sein. Aber wenn ein Tötungsdelikt vorliegt, bearbeiten zehn, fünfzehn oder zwanzig Kollegen zusammen nur ein Verfahren. Der personelle Einsatz ist so hoch, dass man in vielen Fällen schnell zu einem Ergebnis kommt.

Man sagt im Bereich von Tötungsdelikten, wenn man in den ersten 48 Stunden keinen Hauptverdächtigen hat, wird es schwer. Denn die meisten Tötungsdelikte sind Beziehungstaten, d.h. Täter und Opfer kannten sich, egal ob es nun um Geld, Eifersucht oder familiäre Dinge geht. Das erleichtert natürlich die Aufklärung eines Mordfalles. Man sucht den Täter zunächst im Umfeld des Opfers, und sei es der letzte Freier einer Prostituierten. Kommt der Täter nicht aus dem Umfeld des Opfers oder liegt ein Auftragsmord vor, wird die Aufklärung in der Regel wesentlich schwieriger. Aber irgend jemand muss den Killer ja engagiert haben, und somit ist man wieder bei einer Täter-Opfer-Beziehung.

Ein typisches Beispiel dafür möchte ich anhand eines Mordfalles schildern, den ich zusammen mit anderen Kollegen bearbeitet habe: An einem Montag gegen Mittag wurde eine Mordkommission zusammengerufen. Wie immer gab es eine erste Besprechung, in der der Kommissionsleiter die bis dahin bekannten Fakten schilderte: „Wir wissen bisher lediglich, dass heute morgen die Leichen eines Industriellen-Ehepaars in ihrem Haus aufgefunden wurden. Beide sind wohlhabend und wurden erstochen. Es gibt eine 22-jährige Tochter, die jetzt alles erbt."

Darauf sagte ich: „22 Jahre alt und Alleinerbin, also die vernehme ich dann mal."

Ich bin mit einem Kollegen nach Wuppertal gefahren, wo sie wohnte, um ihr die Todesnachricht zu überbringen. Sie wusste aber bereits davon, weil Zeitungsreporter vor uns dort waren. Wir sprachen mit der Tochter und ihrem Freund, der ebenfalls in der Wohnung zugegen war. Wir hatten gleich einen komischen Eindruck und dachten uns, dass da irgend etwas nicht stimmt. Wir nahmen sie mit ins Polizeipräsidium Düsseldorf und vernahmen die Tochter zeugenschaftlich. Außerdem bestellten wir ihr einen Seelsorger, der ihr bei der Vernehmung zur Seite stehen sollte. Solch eine Vernehmung ist nicht so einfach, denn selbst wenn einem die Sache komisch vorkommt, kann man die Betroffene nicht direkt mit einem Tatvorwurf konfrontieren. Sie könnte ja auch einfach nur unter Schock stehen und sich deswegen merkwürdig verhalten. Immerhin wurden ihre Eltern ermordet, und wenn sie selbst mit der Sache nichts zu tun hat, ist sie schließlich auch Opfer. Das heißt, man muss einerseits sehr einfühlsam vorgehen, andererseits will man aber einen Mordfall aufklären und herausbekommen, was passiert ist. Also eine Gratwanderung.

Die erste Vernehmung dauerte etwa sechs Stunden. Sie

erzählte einiges aus ihrer Jugend und über die Beziehung zu ihren Eltern. Nach dieser Vernehmung waren wir uns sicher, dass einige Sachen einfach nicht zusammenpassten, und wir hatten unsere Hauptverdächtige.
Sie sagte uns, dass sie seit einiger Zeit eine Schmerztherapie mache und sich auf Grund der starken Medikamente an verschiedene Dinge nicht mehr erinnern könne. Sie schilderte, dass sie ihre Mutter sehr geliebt hatte, ihren Vater dagegen weniger und dass er 'nur' ihr Stiefvater sei, der dritte Ehemann ihrer Mutter. Außerdem sagte sie, dass wir uns nicht wundern sollten, wenn wir auch ihr Blut und das ihres Freundes am Tatort fänden, denn sie habe sich die Hand in der Autotür geklemmt, und ihr Freund habe sich an einem Stück Papier geschnitten. Es waren solche Kleinigkeiten, die sie verdächtig machten, dazu noch die Tatsache, dass sie ein Multimillionenvermögen erbte. Zunächst entließen wir sie, da wir nichts in der Hand hatten. Nach diesem 17-stündigen Arbeitstag gingen mein 'Spannmann' und ich noch ein Bier trinken, um etwas abzuschalten. (Wenn man in einem Zweier-Team arbeitet, nennt man seinen Kollegen 'Partner' oder 'Spannmann'.) Wir unterhielten uns über den Fall, und uns beiden war klar, dass da irgendwas nicht passt. Wir konnten das aber noch nicht richtig einordnen. Es war einfach nur ein starkes Gefühl.
Am nächsten Tag führten wir Vernehmungen mit Freunden und Bekannten des ermordeten Ehepaars durch. Nebenbei lief die Tatortarbeit. Dies ist eine sehr wichtige Aufgabe, die akribisch durchgeführt werden muss. Jede gefundene Spur kann relevant sein und dazu beitragen, die Tat aufzuklären. Fingerabdrücke, Fasern, Blut usw. müssen am Tatort gesichert werden. Die gefundenen Spuren werden dann mit denen der Tatortberechtigten abgeglichen. Tatortberechtigte

sind Personen, deren Spuren sich am Tatort befinden dürfen, also Personen, die sich legitim dort aufgehalten haben, d.h. in diesem Fall Angestellte, Putzfrau, die Tochter, ihr Freund usw. Findet man von diesen Personen Spuren am Tatort, beweisen diese normalerweise nichts.
Während wir eine Freundin der Toten vernahmen, bekamen wir die Mitteilung, dass die Spurensicherung einen Fingerabdruck der Tochter gefunden hatte. Das wäre nichts Besonderes gewesen, hätte dieser Abdruck nicht im Blut des Stiefvaters gelegen. Die Tochter hatte also das Blut des Stiefvaters an den Händen und damit einen Fingerabdruck an der Wohnzimmertür hinterlassen. Das machte sie noch nicht zur Täterin, aber es sagte aus, dass sie die Leichen auf jeden Fall gesehen haben musste. Und diese Tatsache stand konträr zu ihrer Aussage.
Wir fuhren nach Wuppertal, um sie festzunehmen. Auch wenn es vielleicht noch nicht für einen Haftbefehl gereicht hätte, ist eine Festnahme immer ein gutes Mittel, jemanden etwas unter Druck zu setzen. Laufenlassen kann man ihn immer noch. Unter dem Druck der Festnahme gestehen viele, auch wenn die Sachlage noch nicht klar ist. Das ist bei Frauen allerdings wesentlich schwieriger als bei Männern. Männer sehen meist an einem gewissen Punkt ein, dass sie verloren haben, aber Frauen bestreiten oft die Tat auch dann, wenn alle Beweismittel eindeutig sind und sie mit Sicherheit aus der Sache nicht mehr rauskommen. Wahrscheinlich liegt es daran, dass Frauen oftmals etwas irrationaler denken als Männer. Das macht die Vernehmung von Frauen auch wesentlich schwieriger.
Als wir die Tochter zu Hause nicht antrafen, erfuhren wir, dass sie im Krankenhaus sei, da sie auf Grund einer Verletzung an der Hand operiert werden musste. Wir nahmen sie

im Krankenhaus fest, anschließend ihren Freund bei dessen Arbeitsstelle. Später erfuhren wir, woher ihre Verletzung an der Hand stammte. Ihr Stiefvater hatte im Todeskampf so stark zugebissen, dass Knochen in der Hand brachen. Tochter und Freund wurden parallel in verschiedenen Zimmern vernommen.

Nach ein bis zwei Stunden gleicht man dann die Vernehmungsergebnisse ab, um festzustellen, ob es Widersprüche gibt. Gibt es welche – und es gibt immer welche –, konfrontiert man die zu Vernehmenden damit. Es gibt in der Regel weitere Widersprüche, und man kommt langsam Schritt für Schritt voran. Im Fernsehen sieht man häufig, dass der verhörende Beamte Sachverhalte erzählt, die er angeblich vom möglichen Tatkomplizen gehört hat, die tatsächlich aber nicht gesagt wurden. In der Realität sind das allerdings verbotene Vernehmungsmethoden. Wenn ich der Tochter beispielsweise gesagt hätte: „Dein Freund hat schon gestanden und beschuldigt dich“, und es träfe nicht zu, würde ich mich strafbar machen.

Es gab aber während unserer Vernehmung eine andere strittige Situation. Zu Beginn dieser Vernehmung zeigte ich der Tochter ein Foto, auf dem ihre erstochenen Eltern tot am Boden liegend zu sehen waren, und fragte sie, ob ihr das bekannt vorkäme. Sie kommentierte meine Frage nicht und blieb ganz cool, doch später gab es Stress darüber, ob das überhaupt zulässig gewesen war und nicht schon eine verbotene Vernehmungsmethode. Aber ich konnte ganz klar argumentieren: Da ihr Fingerabdruck im Blut des Stiefvaters lag, war ihr dieses Bild nicht fremd. Sie musste es schon einmal gesehen haben, d.h. ich hatte sie damit nicht verbotenermaßen unter Druck gesetzt. Auch die Staatsanwaltschaft gab mir recht.

Die Vernehmung dauerte viele Stunden, und *step by step* erzählte sie immer mehr, bis sie uns ihre ganze Geschichte präsentiert hatte. Natürlich versuchte sie, eine weiße Weste zu behalten, aber es war eine Art Geständnis. Sie sagte, sie wäre eine multiple Persönlichkeit und wüsste nicht, was die andere Person in ihr täte. Das sei ihrer Ansicht nach darauf zurückzuführen, dass sie in ihrer Jugend vom Stiefvater mißbraucht worden und darüber hinaus auch sonst mehrmals vergewaltigt worden sei. Das Kuriose daran war, dass sie diese Missbrauchsgeschichten via Internet schon Jahre vor der Tat anderen Chatpartnern erzählt hatte, und zwar, weil sie den Mord schon lange im voraus geplant hatte. Sie wollte sich für den Fall, dass sie überführt würde, als unzurechnungsfähig präsentieren. Deswegen stellte sie sich in diesen Chats als schwer gestörte Persönlichkeit dar, sorgte aber gleichzeitig dafür, dass ihre Chatpartner sie kennenlernten, zumindest telefonisch, damit sie die Personalien dieser Leute kannte, um sie für den Fall der Fälle als Zeugen anbringen zu können.
In ihrem ersten Geständnis erzählte sie uns die Geschichte, dass sie sich an nichts mehr erinnern könne, aber sie wisse noch, dass ihre Hände auf einmal rot waren. Ob das Blut war, könne sie aber nicht mehr sagen. Sie wisse nur noch, dass ihr Freund sie ins Badezimmer brachte, um diese rote Flüssigkeit von ihren Händen abzuwaschen. Als sie dies zugab, wirkte sie völlig verwirrt und abwesend. Im nachhinein betrachtet eine beachtliche schauspielerische Leistung. Mit ihrem Teilgeständnis konfrontierten wir dann ihren Freund, der darauf ein komplettes Geständnis ablegte.
Als sie erfuhr, dass er gestanden hatte, legte sie ihre verwirrte Art ab und schilderte völlig nüchtern, wie sie zusammen ihre Eltern ermordet hatten.
Es ging natürlich nur um das Geld. Sie bekam zwar reichlich von ihren Eltern, aber das war ihr nicht genug. Sie schmie-

dete den Plan, ihre Eltern zu töten, um an das Vermögen zu kommen. Da sie das aber nicht alleine durchziehen konnte, suchte sie einen geeigneten ‘Partner’, jemanden, der alles für sie tun würde und völlig abhängig von ihr wäre. Da sie bei ihrem Exfreund diesbezüglich nicht weiterkam, suchte sie sich einen anderen Dummen. Schließlich fand sie ihren Mittäter, der gerade von seiner Frau getrennt war und seine Tochter nur selten sehen durfte. So eine Art Mann, dem Mami morgens rauslegt, was er anziehen soll. Dieser Typ war natürlich notorisch pleite, und sie gewährte ihm Kredite. In den Kreditverträgen war klar festgelegt, dass im Falle einer Trennung das Darlehen sofort zurückzuzahlen sei. Also konnte er sich nicht trennen, weil er ja kein Geld hatte. Schließlich überredete sie ihn zu der Tat und stellte ihm in Aussicht, dass man mit dem vielen Geld auch einen guten Anwalt bezahlen könnte, der dafür sorgte, dass seine Tochter bei ihm leben würde.
Beide schmiedeten den Plan, die Eltern erst zu betäuben und dann zu erstechen. Aber woher das Schlafmittel und woher die Tatmesser? Die wurden in einem anderen Bundesland gekauft, wo einen niemand kennt. Das Schlafmittel besorgte die Tochter durch ihre Schmerztherapie. Sie gab an, dass ihre Handtasche gestohlen worden sei, und bekam neue Medikamente.
Beim ersten Versuch, die Tat zu begehen, mixte sie den Eltern Getränke, die mit dem Schlafmittel versetzt waren. Das führte aber lediglich dazu, dass zwar der Stiefvater im Sessel einschlief, doch die Mutter blieb wach. Man verabredete sich also erneut und dosierte die Medikamente höher. Aber auch das reichte nicht, um die Eltern bewusstlos zu machen. Aber es musste an diesem Tag geschehen, da man keinen dritten Versuch wagen wollte. Die Tochter begleitete ihre Mutter ins Obergeschoß, um sie abzulenken. In der Zwischenzeit

sollte ihr Freund den Stiefvater erledigen. Ihr Freund schlich dem leicht benommenen Stiefvater mit dem Messer hinter dem Rücken hinterher, traute sich aber nicht zuzustechen. Weil das alles so lange dauerte, kam die Tochter wieder herunter und warf ihrem Freund einen auffordernden Blick zu. Daraufhin stach er dem Stiefvater in den Rücken. Damit war die Sache aber noch lange nicht erledigt. Es begann ein erbitterter Todeskampf mit Messer und körperlicher Gewalt von Tochter und Freund, in dessen Verlauf der Stiefvater so viele Messerstiche abbekam, dass er daran verstarb.
Durch den Lärm des Kampfes alarmiert, kam die Mutter die Treppe hinunter und sah ihren toten Ehemann auf dem Boden liegen. Der Freund begann sofort auf sie einzustechen. Sie fiel zu Boden, lebte aber noch und sagte zu ihrer Tochter: „Wir können doch über alles reden!"
Daraufhin nahm die Tochter ihrem Freund das Messer ab, setzte es auf dem Brustkorb der Mutter an und stieß es ihr mit beiden Händen in das Herz. Anschließend versuchten beide, die Spuren zu beseitigen, indem sie es wie einen Raubmord aussehen lassen wollten. Sie zogen Schubladen heraus und leerten Schränke.
In der Gerichtsverhandlung war ich als Zeuge geladen. Zusätzlich waren dort einige Gutachter, die beurteilen mussten, ob sich bei der Täterin eine multiple Persönlichkeit diagnostizieren ließe. Glücklicherweise konnten Zeugen und Gutachter das Gericht überzeugen, dass bei der Täterin keine Geisteskrankheit vorlag, sondern dass die Tat von langer Hand geplant war. Beide wurden zu lebenslanger Haft verurteilt. Zusätzlich wurde eine besondere Schwere der Schuld festgestellt, was bedeutet, dass sie nicht nach 15 Jahren entlassen werden können.

## *UN-Mission im Kosovo*

2002 traf ich den Entschluß, mich für ein Jahr als 'Internationaler' im Rahmen der UN-Mission im Kosovo zu verpflichten. Ich wollte immer schon eine Zeit im Ausland leben, aber bisher hatte es sich nie ergeben. Den Ausschlag gab, dass ich mir das Ganze sehr interessant vorstellte und außerdem nach der Trennung von meiner Frau finanziell ziemlich rasiert war.
Im Kosovo gab es zusätzlich zu meinem Gehalt einen Auslandszuschlag und ein weiteres Gehalt von der UN. Ich musste zwar einige Tests und Lehrgänge machen, um überhaupt hingehen zu können, aber dann war es endlich geschafft, und ich saß mit weiteren knapp hundert Kollegen aus allen Teilen Deutschlands im Flieger Richtung Pristina. Es war schon komisch, welche Beweggründe die Leute hatten, sich in einen so gefährlichen Teil dieser Erde zu begeben. Viele waren geschieden oder getrennt lebend und brauchten Geld. Alle waren wir abenteuerlustig und total gespannt, was auf uns zukommen würde; wir hatten aber auch ein befremdliches Gefühl im Bauch. Immerhin war das kein Spiel. Viele Leute dort waren bewaffnet. Nicht mit Messern oder Gaspistolen, sondern mit Maschinengewehren und Handgranaten.
Nachdem wir angekommen waren, wurde beschlossen, den größten Teil der 'neuen Deutschen' nach Mitrovica zu schicken. Das war der absolute Hotspot und mit Abstand am gefährlichsten. Mitrovica-Nord wird von den Serben bewohnt, der Südteil der Stadt ist albanisch. Die Teile der Stadt sind durch einen kleinen Fluss getrennt. Kommt ein Serbe in den Süden oder ein Albaner in den Norden, kann es

Tote geben. In diesem Krieg dort ist einfach zu viel passiert, und es herrscht großer Hass auf beiden Seiten. Man kann auch nicht sagen, wer die Guten und wer die Bösen sind. Alle haben im Krieg viele schreckliche Dinge getan, und beide Seiten fühlen sich im Recht. Eine sehr schwierige Situation. Ich gehörte also zu den 'Glücklichen', die im serbischen Teil dieser Stadt arbeiten mussten. Die Serben haben uns UN-Polizisten nicht akzeptiert. Bevor wir dort hinkamen, hatten überwiegend Polizisten aus solchen Staaten dort gearbeitet, die eine nicht ganz so gute Lobby hatten. Diese hatten sich gar nicht mehr getraut, die Polizeistation zu verlassen. Von Zeit zu Zeit wurde die Station auch beschossen. Mit unserer Ankunft wurde das anders. Wir gingen sogar Fußstreifen und haben polizeiliche Maßnahmen getroffen. Trotzdem gab es oft brenzlige Situationen. Einmal war ich von etwa hundert Serben umringt, die anfingen, mich rumzuschubsen und mir klarmachten, dass sie absolut gewaltbereit waren. Einer von ihnen sagte zu mir: „Wenn du leben willst, fährst du auf deine Polizeiwache zurück. Willst du sterben, bleibst du hier."

Wäre ich gefahren, hätte ich nie mehr eine Maßnahme dort treffen können, weil man mich nicht für voll genommen hätte. Die Serben sind ein sehr stolzes Volk. Daher haben sie es nach einem Kompromiss mit ihnen auch akzeptiert, dass ich nicht sofort abgehauen bin. Solche Erlebnisse hatten einige andere Kollegen auch, und nach und nach verschafften wir uns ein wenig Respekt.

Die Albaner waren für uns wesentlich leichter zu 'handeln'. Wenn man im albanischen Teil arbeitete, sagte man, dass das deutsche Uniformhemd die beste Schußweste ist. Aus geschichtlichen Gründen mögen uns die Albaner. Nicht zuletzt, weil ihnen von deutscher Seite irgendwann einmal das Großalbanische Reich versprochen wurde. Dazu kommt, dass fast jeder Kosovoalbaner Verwandte in Deutschland hat oder selbst mal dort gelebt hat. Für sie ist Deutschland das Gelobte Land, und fast jeder würde am liebsten wieder dorthin gehen.

Die ersten drei Monate verbrachte ich im serbischen Teil von Mitrovica und konnte mich dann für einen Job am Flughafen in Pristina qualifizieren. Ich wurde dort Station-Commander, d.h. Polizeichef. Ich hatte 125 Leute aus 25 verschiedenen Staaten, die für mich arbeiteten, und folglich einen ganzen Haufen Verantwortung. Die Arbeit dort war sehr spannend. Ich lernte viel und habe interessante Menschen getroffen.

Obwohl es dort unten neben den Gefahren und der nicht immer einfachen Aufgabe auch selten Strom und nur ab und zu Wasser aus der Leitung gab, war es nicht unangenehm. Man brauchte sich um nichts anderes als um seinen Job und um sich selbst zu kümmern. Das kannte ich ja gar nicht mehr. In Deutschland hatte ich meinen Beruf als Polizist, nebenbei noch die Arbeit als freier Journalist und viele Verpflichtungen, die mich Zeit und auch Nerven kosteten. Im Kosovo arbeitete man zehn bis zwölf Stunden und brauchte sich um nichts sonst zu sorgen. Die Leute, die uns die Wohnungen dort vermieteten, putzten auch, wuschen und bügelten meine Wäsche. Arbeitskraft ist bei einem durchschnittlichen Monatsverdienst von damals etwa 150 Euro nicht teuer, und jeder dort war froh über einen Job.

Die meisten Polizisten mieteten sich mit anderen zusammen Häuser und zahlten dafür pro Person zwischen 150 und 300 Euro je nach Ausstattung und Leistungen. Das machte ich die ersten drei Monate auch, wollte dann aber alleine wohnen und mietete mir eine für die dortigen Verhältnisse luxuriöse Wohnung mitten in der City von Pristina. Der

einzige Nachteil an der Wohnung war, dass sie im 8. Stock lag und der Aufzug mangels Strom nur selten funktionierte. Die Treppenhäuser waren so dunkel, dass man die Hand vor Augen nicht mehr sehen konnte. Weil man ja abends selten eine Taschenlampe mitnimmt, habe ich mir oft nur mit der Beleuchtung meines Handydisplays den Weg zu meiner Wohnung gebahnt. Man wusste nie, wer im Treppenhaus war. Anfangs nahm ich abends immer meine Waffe mit, darauf verzichtete ich aber nach ein paar Tagen, und glücklicherweise ist mir auch nie etwas passiert.
Das Abendprogramm und das Zwischenmenschliche wurden im Kosovo für uns Internationale groß geschrieben. Wer wollte schon alleine in seiner Wohnung bleiben. Es gab dort viele Cafés und gute Restaurants. Man bekam für fünf Euro ein Rumpsteak und für zwei Euro ein großes Bier, was für die Albaner viel Geld ist. Aber für uns war das natürlich wenig. Also ging man abends meist noch Essen und anschließend in Bars, in denen man andere Internationale traf, natürlich auch in der Hoffnung, Frauen kennenzulernen.
Allerdings war das ein ziemlich heikles Thema, denn man muss sich das so vorstellen: In einer solchen Mission gibt es sehr viele Internationale, aber darunter ganz wenige Frauen. Ist dann mal eine da, und sieht sie auch noch einigermaßen passabel aus, wird sie von Männern umlagert. Ich bin aber kein Typ, der sich in der dritten Reihe anstellt. Dazu hatte ich noch nie Lust. Also blieben die albanischen Frauen. Aber das System, wie es mit denen funktioniert, habe ich anfangs gar nicht verstanden. Ich wusste nicht, dass man sie nicht einfach so ansprechen darf. Selbst wenn sie nur mit Internationalen ein bisschen flirten, kann das reichen, dass sie von ihren Familien geächtet werden. Manche stehen auf und gehen weg, wenn man sich zu ihnen an den Tisch

setzt, obwohl man sich gar nicht für sie interessiert. Alles muss also sehr diskret ablaufen. Meine Mutter hat mir das verständlich erklärt: Nach dem Zweiten Weltkrieg waren die deutschen Frauen, die sich mit den Besatzern einließen, auch schlecht angesehen. So etwa ist es im Kosovo auch. Dazu kommt noch der muslimische Glaube mit seinen recht strengen Gesetzen. Es gibt im Kosovo immer noch Morde an Frauen, weil sie bei der Eheschließung keine Jungfrauen mehr sind.

Da ich mir keinen Ärger mit Albanern einhandeln wollte, hatte ich mich irgendwann damit abgefunden, dass diesbezüglich nicht viel läuft, bis ich auf einer Party eine albanische Dolmetscherin kennenlernte.

Ich hatte an Heiligabend eine Weihnachtsfeier für meine Leute vom Flughafen organisiert: Jeder musste dreißig Euro geben, und dafür gab es beim besten Italiener der Stadt ein Weltklasse-Essen. Die Inhaberin hatte in Rom ein Restaurant, ging dann aber zurück in den Kosovo und eröffnete dort direkt wieder eins. Bei der Organisation der Feier hatte ich nicht daran gedacht, dass auch für manche gut verdienende Internationale dreißig Euro plus Getränke zu viel war. Es gab einige, die jeden Cent sparen wollten, die Afrikaner zum Beispiel. Viele von ihnen ernährten sich nur ganz spartanisch. Sie gingen nicht Essen, sondern kochten selbst, weil es billiger war. Sie wollten ihren Lohn mit in die Heimat nehmen, um sich davon ein Haus zu bauen. Das kann man natürlich verstehen.

Wir waren etwa dreißig Leute, auch ein paar Afrikaner, und haben schön gefeiert. Wenn man an einem Tag wie Heiligabend fernab der Heimat ist und nicht mit seiner Familie feiern kann, muss man es sich eben nett machen. Es gab aber auch Kollegen, die in Grenznähe irgendwo in den

Bergen eingesetzt waren, ohne Strom, Heizung und Wasser und trotz Winterkleidung in ihren Häusern dermaßen froren, dass ihnen nicht nach Weihnachten zumute war. Sicherlich haben auch einige so manche Träne dort vergossen.
Nach dem Italiener sind wir noch auf eine UN-Party gegangen, obwohl wir schon ordentlich einen sitzen hatten. Dass man mehr Alkohol trinkt als sonst, ist ein Charakteristikum bei diesen Missionen. Es liegt vielleicht daran, dass man weit weg von zu Hause ist, gerade abends oft Langeweile hat und die Dinge, die man sieht und erlebt, nicht immer angenehm sind, z.B. wenn Massengräber ausgehoben werden, und die Leichen, manchmal auch in offenen Pick-ups, durch die Stadt gefahren werden. Man hat viele solcher Eindrücke, und vielleicht trinkt man deswegen auch mehr.
Auf der besagten UN-Party lernte ich eine albanische Dolmetscherin kennen. Ich weiß noch, dass ich mit ihr geflirtet habe, und dann hatte ich einen kleinen Filmriss. Als ich durch die Kälte wieder wach wurde, lag ich nackt in meinem Wohnzimmer auf der Couch. Ich wollte gerade ins Bett gehen und sah ein paar Damenstiefel bei mir im Wohnzimmer liegen. So langsam kam meine Erinnerung zurück, und ich dachte: „Lass es bitte wenigstens die attraktive Dolmetscherin von gestern abend sein." Sie war es auch und schlief in meinem Bett.
Wir haben uns danach ab und zu getroffen. Ich ließ es aber nicht enger werden, auch deswegen, weil ich keinen Ärger mit ihrer Familie haben wollte. Ich weiß von einem Amerikaner, den man umbringen wollte, weil er was mit einer Albanerin angefangen hatte, allerdings nicht in Pristina, sondern auf dem Land. Man muss das etwas unterscheiden, denn in Pristina sind die Leute liberaler. Dieser Amerikaner war mit einer Dolmetscherin liiert, die aus einer streng

muslimischen Familie aus einem Dorf im Landesinneren kam. Als die Familie von der Sache erfuhr, beschlossen sie, ihn zu töten, um die Familienehre wieder herzustellen. Der Amerikaner konnte dieses Schicksal aber abwenden, indem er dem Vater seiner Freundin einen Traktor kaufte. Natürlich musste er das Mädchen auch heiraten. Für uns hier natürlich unvorstellbar!
Das Thema Frauen war da unten allgegenwärtig. Einige internationale Polizisten haben auch einheimische Frauen kennengelernt, die sie mit in ihre Heimat nahmen. Klar war es manchmal Liebe, aber viele von den internationalen Kollegen waren nicht clever genug, zu erkennen, dass ihr Paß das Interessanteste an ihnen war. Kommt man aus Amerika, Deutschland, Österreich oder aus einem anderen westlichen Land, ist man bei den Kosovarinnen natürlich sehr begehrt. Eine ganze Menge von ihnen möchte gerne in einem Land leben, in dem es ihnen besser geht. Daher flirten sie mit den Internationalen, und damit können viele Leute nicht umgehen. Die denken dann ganz stolz, dass die Frauen sich in sie verliebt haben. Ich habe viele herzzerreißende Szenen am Flughafen erlebt. Die hübschen Mädels brachten ihre internationalen Freunde zum Flughafen, um sie zu verabschieden, weil die zwischendurch nach Hause zu ihren Frauen und Kindern flogen.
Meist waren diese Kollegen eher weniger attraktiv, hatten aber dafür eine junge Klassefrau an ihrer Seite. Im Kosovo gibt es wirklich viele schöne Frauen. Klar denken sich diese Frauen, dass sie es bei einem nicht so attraktiven Mann einfacher haben, da die in ihrer Heimat ja wahrscheinlich nicht so eine Klassefrau kennenlernen würden. Diese Frauen hoffen von den Männern geheiratet zu werden, und die Männer fahren zurück zu ihren Familien und prahlen vor

ihren Freunden und Kollegen damit, was sie für tolle Hechte sind, weil sie eine Frau 'aufgerissen' haben, die super aussieht und zehn Jahre jünger ist. Da ist mir manchmal echt schlecht geworden.

Natürlich gab es, von den Frauen abgesehen, auch einige wirklich gefährliche Situationen. Einmal wollte ich abends gegen zehn Uhr nach Hause gehen, aber der Bereich um meinen Wohnblock war abgesperrt. Ein afrikanischer Kollege erklärte mir, dass in diesem Gebiet vor ein paar Minuten Granaten geflogen wären und er niemanden durchlassen dürfte. Als ich ihm sagte, dass ich dort wohnte und nach Hause müsse, blickte er auf meine ID-Karte, auf der ganz wichtig 'Commander' stand. Er stand schon fast stramm vor mir und sagte, dass ich passieren dürfte, natürlich auf eigenes Risiko. Nachdem ich fünfzig Meter gegangen war, hörte ich einen ohrenbetäubenden Knall. Es wurden tatsächlich Granaten geschmissen. Ich konnte zwar nicht lokalisieren wo, aber ich bin um mein Leben gelaufen. Ich habe mich in einen Hauseingang geflüchtet und abgewartet. Es war stockdunkel, da mal wieder Stromausfall herrschte. Nachdem ich ein paar Minuten abgewartet hatte, lief ich dann die restlichen hundert Meter zu meinem Wohnhaus. Später hörte ich es noch ein paarmal knallen. Das war ein sehr unangenehmes Gefühl, und ich war froh, in meiner Wohnung zu sein.

Dass ich zwei Einschußlöcher in meiner Wohnzimmerscheibe hatte, störte mich nicht sonderlich. Wahrscheinlich war das irgendwann bei einem 'friendly fire' passiert. Man nennt das so, wenn die Leute einfach aus Spaß, um irgend etwas zu feiern, mit ihren MP's in die Luft feuern. Die Albaner mussten zwar ihre Waffen abgeben, aber sie brachten nur ihre alten Flinten zur Polizei, und die neuen Waffen versteckten sie. Silvester verbrachte ich nicht im Kosovo, aber die Kollegen, die dort geblieben waren, erzählten mir, dass es über Stunden ausgiebiges ‘friendly fire’ in allen Teilen des Landes gab.

Es ist schon ein erstaunliches Phänomen, dass so wenigen internationalen Polizisten dort etwas passiert. Wenn Kollegen zu Tode kommen, dann meist aus eigenem Verschulden. Manchmal kommen Kollegen mit ihrer Situation dort nicht klar und nehmen sich das Leben, oder aber es sind Verkehrsunfälle, d.h. ein Hubschrauber stürzt ab, oder ein Auto fährt auf eine Mine. Im Kosovo wurden Tausende von Personen- und Panzerminen geborgen und entschärft, aber es wäre eine Lüge zu behaupten, der Kosovo sei minenfrei. Für uns Polizisten gab es dort immer ein Motto, das wir beherzigen sollten: „Never touch the Green“. Man sollte nie auf Grünflächen gehen, da dort Minen liegen konnten. Deswegen bemühte man sich, immer auf dem Asphalt zu bleiben. Oft ging das aber nicht, weil man Einsatzorte hatte, die mitten auf dem Land lagen. Das war dann immer ein sehr komisches Gefühl, und man hoffte einfach, dass alles gutgehen würde. Nach ein paar Monaten stumpft man ab und denkt nicht mehr so oft daran.

Wir sind später sogar mit unseren Streifenwagen off-road gefahren. Alle Streifenwagen waren rot-weiße Landcruiser, die sehr geländetauglich waren. Wir fuhren damit querfeldein, über die Berge und durch kleinere Flüsse – ein Erlebnis, für das man sonst viel Geld bezahlen muss. Trotz der guten Geländeleistungen der Fahrzeuge kam es ab und zu vor, dass man sich festfuhr und gar nichts mehr ging. Dann musste man sich an den nächsten Stützpunkt der internationalen Soldaten wenden, die mit einem Panzer kamen und den Wagen wieder rauszogen. Das Ganze kostete einen Kasten

Bier. Einmal hat ein Kollege eines dieser Fahrzeuge in einem Fluss versenkt. Es gab da eine Stelle, an der das Wasser etwa 50 cm seicht war, doch diese Stelle traf der Kollege leider nicht genau, und der Wagen legte sich im Wasser auf die Seite. Dieser Spaß hat den Kollegen 20.000 Euro gekostet, denn bei solchen Dingen wurde man von der UN sofort in Regress genommen.

Es war schon ein Erlebnis dort, und ich habe viele Impressionen mitgenommen. Die Kameradschaft unter den Internationalen war wirklich beeindruckend, und auch zu den Einheimischen gab es gute Kontakte. Noch heute telefoniere ich ab und zu mit meinem ehemaligen Vermieter. Man konnte sehr günstig leben, und deswegen habe ich auch für meine damaligen Verhältnisse eine ganze Menge Geld gespart. Innerhalb von zwei Monaten hatte ich meine Schulden abbezahlt, und nach der Mission konnte ich mir noch ein schönes Auto kaufen.

Anfangs sagten alle, es wäre leicht verdientes Geld und man würde auch länger als ein Jahr dort bleiben. Aber als das Jahr vorbei war, war ich sehr froh, wieder nach Deutschland zurückzukehren. Hätte sich nicht die Sache mit dem Fernsehen entwickelt, wäre ich sicherlich wieder einmal auf eine Auslandsmission gegangen. Vielleicht auch in den Irak, aber man braucht schon ein bis zwei Jahre zu Hause, um wieder ein normales Leben führen zu können.

## *Neue Perspektiven*

Schließlich habe ich den Tag herbeigesehnt, wieder nach Deutschland zu kommen. Ich war wirklich froh, als ich im Flugzeug saß. Ich hatte alles gut überstanden, die Taschen voller Geld und wollte es mir in den nächsten Wochen richtig gutgehen lassen. Da es von der UN eigene Urlaubstage gab, hatte ich den gesamten Jahresurlaub noch übrig. Dazu kam eine sogenannte Reintegrationszeit. Insgesamt hatte ich knapp acht Wochen frei. Es war dieser heiße Sommer 2003. In Düsseldorf gibt es eine Halbinsel im Hafen, die sich 'Monkey's Island' nennt: Aufgeschütteter Sand, Café-del-Mar-Musik, Liegestühle und kalte Drinks. Richtiges Ibiza-Feeling. Ich war jeden Tag dort, habe mich in der Sonne grillen lassen und Party gemacht. Über meinen Job machte ich mir keine Gedanken, denn ich wollte wieder bei meiner alten Dienststelle im Polizeipräsidium Düsseldorf arbeiten. Was sollte ich auch sonst tun.
Dann traf ich Rüdiger, einen Kollegen von meiner Dienststelle, der mir von einem Casting erzählte. Für eine Fernsehproduktion wurden richtige Kommissare gesucht. Er gab mir einen E-mail-Kontakt, und ich schickte diesen Fernsehleuten eine Mail und fragte, ob das Casting schon abgeschlossen wäre. Am nächsten Tag rief mich ein total gelangweilter Typ an und meinte, dass sie eigentlich ihre Leute für die Serie hätten, aber ich solle halt mal ein Bild und einen Lebenslauf mailen. Damals hatte ich nur ein einziges digitales Foto, das ich per E-mail schicken konnte. Es war auf einer Gartenparty entstanden. Ich hatte darauf ein T-Shirt an, noch etwas mehr Oberarmmuskulatur als heute und war braungebrannt. Als die Producerin der Serie das Foto sah und erfuhr, dass ich

eine ganz interessante dunkle Stimme habe, wollte sie mich unbedingt noch nachcasten. Und zwei Tage später wurde ein Castingteam nach Köln geschickt, um mit mir zwei Szenen vor der Kamera durchzuspielen.
Es war ein wahnsinnig heißer Tag, und ich fuhr zusammen mit meinem Sohn Mike nach Köln, natürlich im nagelneuen Alfa Spider Cabriolet, den ich mir von meinem Kosovogeld gekauft hatte. Der schönste Wagen, den ich bis dahin je hatte, ein absoluter Hingucker, auf den ich mächtig stolz war.
Als wir beim Casting ankamen, war ich klitschnass geschwitzt. Es lag wahrscheinlich nicht nur an den 35 Grad, die an diesem Tag herrschten, sondern auch daran, dass ich etwas nervös war. Wir mussten zwanzig Minuten warten, bis ich aufhörte zu schwitzen, und begannen dann, die beiden Szenen zu spielen. Ich hatte so etwas noch nie gemacht, und normalerweise mussten die Bewerber einen Text lernen, den sie ein paar Tage vorher bekamen. Dafür war bei mir aber keine Zeit, da das Casting sehr kurzfristig angesetzt war. Man sagte mir, dass ich mir die jeweiligen Situationen vorstellen und improvisieren solle.
Zuerst sollte ich sehr einfühlsam ein Vergewaltigungsopfer vernehmen und dann eine härtere Vernehmung mit einem Mordverdächtigen spielen. So etwas hatte ich schon tausendmal im Dienst gemacht und ging es in diesen beiden Szenen ähnlich an, nur etwas ausdrucksstärker. Anschließend sagte das Castingteam zu mir, so einen wie mich hätten sie noch nicht gehabt, und sie glaubten, dass ich sehr gute Chancen hätte. Nach ihren Angaben hatten sie bis dahin schon etwa tausend andere Kommissare gecastet.
Nachdem meine Videobänder in der Produktionsfirma gesichtet wurden, erhielt ich erneut einen Anruf und wurde zu einem Recall nach München gebeten, der sehr gut lief.

Da ich sowieso ein sehr optimistischer Mensch bin, war ich mir sicher, dass es klappen würde. Bei diesem Termin in München lernte ich auch Bianca, die Producerin dieses Fernsehformats kennen. Sie war sehr freundlich und gab mir zu verstehen, dass ihr meine 'Vorstellung' gefallen hätte.
Wieder in Düsseldorf, hörte ich zwei Tage nichts und rief Bianca an. Ich sagte, dass ich noch eine Menge Urlaub hätte, den ich nicht verfallen lassen wollte, falls ich für die Serie genommen würde. Zwei weitere Tage später bekam ich einen Vertrag zugeschickt. Das Ganze, von meiner ersten E-mail bis zur Vertragsvorlage, hatte eine gute Woche gedauert. Der Vertrag las sich gut, und der Verdienst war auch okay. Man muss dazu sagen, dass ich damals nicht wusste, welche Gehälter für Hauptdarsteller von Fernsehserien gezahlt werden, und wieviel Arbeit so ein Job bedeutet. Aber ich war ja auch kein Schauspieler. Ich war einfach happy und unterschrieb den Vertrag.
Natürlich ging ich davon aus, dass ich von der Polizei freigestellt würde und nach dem Ende der Serie ganz normal in meinen alten Polizeijob zurückkehren könnte. Für den Kosovo-Einsatz wurde ich ja schließlich auch freigestellt. Dem war dann leider nicht so. Das Innenministerium hat sich gegen eine Freistellung vom Dienst ausgesprochen, und ich hatte ein abschließendes Gespräch mit dem damaligen Polizeipräsidenten in Düsseldorf. Er sagte: „Herr Naseband, ich glaube, dass Sie der richtige Mann für eine solche Serie wären, aber ich kann Sie nicht freistellen. Ich kann nicht ständig neues Personal anfordern und auf der anderen Seite Leute für eine Serie freistellen. Ihnen bleibt ja noch der Weg der Kündigung. Aber so dumm werden sie wohl nicht sein.“
Ich bin daraufhin in die Kantine gegangen, habe zwei Tassen Kaffee getrunken und ein bisschen überlegt. Ich wollte die

Serie unbedingt machen, aber ich wollte auch meinen Job behalten. Dieses Sicherheitsdenken habe ich von zu Hause mitgekriegt. Du hast einen Beruf, mit dem du zwar nicht reich wirst, aber er macht Spaß, und du hast dein geregeltes Auskommen. Wer weiß, wie lange so eine Serie läuft. Wenn man Pech hat, vielleicht nur einen Monat oder ein halbes Jahr. Es ist auch nicht gesagt, dass man bei der Polizei nach dem Ende der Serie wieder eingestellt wird – gerade, wenn man die Vierzig erreicht hat. Doch dann bin ich in mein Büro gegangen und habe die Kündigung geschrieben.
Ich wollte diese Serie einfach machen. So eine Chance bekommt man nicht jeden Tag. Vielleicht hätte ich mich mein Leben lang darüber geärgert, wenn ich diese Chance nicht wahrgenommen hätte. Ich nahm meinen restlichen Urlaub und kündigte. Als Beamter kann man von heute auf morgen gehen. Das ist überhaupt kein Thema. Nach ein paar Wochen bekam ich die Kündigungsurkunde zugeschickt. Ich saß in meiner Küche und las den Text und bekam sofort feuchte Augen. Das war wirklich ein ganz komisches Gefühl. Nach einundzwanzig Jahren war meine Zeit bei der Polizei vorbei. Eine Zeit, die mir viel Spaß und eine gehörige Portion Lebenserfahrung gebracht hatte. In solchen Situationen fragt man sich, ob man wirklich die richtige Entscheidung getroffen hat.
Das Innenministerium argumentierte damals, dass man den Medien gegenüber mit einer anderen Polizeiserie seine Schuldigkeit getan hätte, denn für diese Serie wurden zwei Kriminalbeamte aus Nordrhein-Westfalen bereits vom Dienst freigestellt. Sicherlich durchaus nachvollziehbare Argumente, aber niemand wollte etwas davon wissen, dass so eine Polizeiserie die beste Öffentlichkeitsarbeit ist, die man sich vorstellen kann. Ich bekomme öfter Post von Polizisten,

z.B. von einer Einstellungsberaterin aus Schleswig-Holstein. Darin stand, dass seit Bestehen der Fernsehserie 'K11' ein unglaublicher Zulauf zum Beruf des Polizeibeamten herrsche. Viele junge Berufsbewerber beziehen sich auf unsere Serie. Das ist ein unglaubliches Phänomen. Wenn ich so eine Serie in Amerika machen würde, würde die Polizei mich mit Kusshand zurücknehmen und mir ein fürstliches Gehalt zahlen, nur dafür, dass ich Öffentlichkeitsarbeit für sie mache. In Deutschland ist es anders. Hier sagt man: Die machen eine 'Micky-Maus-Serie', und das wollen wir bei der Polizei nicht. Mittlerweile hat sich das etwas geändert. Zu Anfang wurde unsere Serie von der Polizeiführung belächelt. Heute fragen selbst die Leute aus der Führungsetage nach Autogrammkarten für ihre Frauen und Kinder.
Die Polizei ist eben eine Behörde, d.h. ein starrer Beamtenapparat. Und es ist teils ein recht verstaubter Laden, da darf man sich nichts vormachen. In den letzten Jahren hat sich zwar einiges getan, und man hat versucht, die Polizei moderner zu machen. Aber ein solch starrer Apparat wird nicht dadurch moderner, dass man ein paar englischsprachige Begriffe für bestimmte Vorgänge einführt, die Vorgänge aber fast dieselben bleiben. Das ist für mich 'Micky-Maus'.
Allerdings hat die Polizei auch einen schweren Stand. Sie bringt außer Sicherheit dem Staat ja nichts ein, sondern kostet nur Geld, im Gegensatz zu den Finanzbehörden. Deswegen wird bei Finanzbehörden auch wesentlich schneller befördert. Bei der Polizei fehlt das Geld für viele notwendige Dinge. Personal wird aus einem Topf bezahlt, Sachmittel aus einem anderen. Geld für Personal ist somit da, Geld für Ausstattung aber knapp. Deswegen muss jede Anschaffung genau überlegt werden. Ein gutes Beispiel sind Kopierer. Eine einfache Kopie zu machen, kann eine halbe Stunde

dauern, weil für tausend Polizisten nur zwei bis drei Kopierer zur Verfügung stehen. Damit wird Manpower verschenkt. Hätte man zehn Kopierer mehr, könnte man Personal einsparen. Aber soweit wird nicht gedacht.
Ein anderes Beispiel ist die Renovierung von Diensträumen. Ich habe schon oft gesehen, dass der Putz von den Wänden fällt oder ursprünglich weiße Räume mittlerweile zart braun sind. Man kann alle sechs oder sieben Jahre einen Antrag auf Renovierung stellen. Das heißt aber noch lange nicht, dass tatsächlich renoviert wird. Ein Zimmer, das jeden Tag von vielen Menschen benutzt wird, müsste spätestens nach zwei bis drei Jahren renoviert werden. Irgendwann ist der Punkt erreicht, dass Kollegen nicht mehr in solch heruntergekommenen Räumen arbeiten wollen. Da aber niemand ihre Räume streicht, machen sie es teilweise selbst. Natürlich in ihrer Dienstzeit. Wieder ein Verlust der Manpower. Wenn sie Glück haben, bekommen sie die Farbe gestellt, aber auch nicht immer. Man muss sich als Anzeigenerstatter nicht wundern, wenn man in ein rosa- oder pinkfarbenes Büro kommt. Das liegt nämlich daran, dass der Kollege von der Renovierung seiner eigenen Wohnung noch einen Farbrest übrig hatte, mit dem er sein Büro verschönerte.
Ich bin der festen Meinung, dass die Polizei nur deshalb so gut funktioniert, weil es viele Leute gibt, die sich mit ihren ganz individuellen Fähigkeiten einbringen. Unsere Politik steht auf dem Standpunkt, ein Polizist kann alles. Jemand, der früher Streife gefahren ist, teilt heute die Budgets für die verschiedenen Dienststellen ein. Auf diese Position einen studierten Betriebswirt zu setzen, ist schwierig, weil der ja Geld kostet. Da macht den Job lieber der Polizist, der vielleicht dem Staat durch sein Unwissen mehr Geld kostet als der Betriebswirt an Gehalt beziehen würde. Durch qua-

lifiziertes Personal im Bereich der Polizeiverwaltung würde die Polizei sicher besser funktionieren.
Genauso das Beförderungssystem: Bei der Polizei wird wenig nach Leistung befördert. In Polizeikreisen sagt man, dass nach „Alter, Dummheit und Gewicht befördert wird", und dieser Spruch ist gar nicht so falsch. Ob man wenig, viel oder gar nicht arbeitet, es ist nur eine Frage der Zeit, wann die nächste Beförderung kommt. Damit es nach außen hin nach einer Leistungsbeförderung aussieht, wird zum Beförderungstermin die letzte Beurteilung zu Grunde gelegt. Diese Beurteilung ist in Nordrhein-Westfalen nach einem Punktesystem gestaffelt. Ein Punkt ist das schlechteste, fünf Punkte sind am besten. Der normale Polizist bekommt eine Drei-Punkte-Beurteilung. Aber man muss mindestens vier oder fünf Punkte haben, um befördert zu werden. Selbst wenn ich einen tollen Mann habe, der großartig arbeitet und besser ist als alle anderen, bekommt er trotzdem nur drei Punkte, weil er vielleicht erst vor zwei oder drei Jahren befördert wurde. Man sagt ihm dann: „Du bist zwar ein Top-Mann, aber der Kollege XY wartet schon seit sechs Jahren auf seinen Oberkommissar. Der ist jetzt dran."
Das heißt, der Kollege XY, der vielleicht eine faule, ständig krank geschriebene 'Pappnase' ist, wird besser beurteilt als der Top-Mann, nur damit er befördert werden kann. Wird man dann vielleicht in eine andere Behörde versetzt, denken die neuen Kollegen, dass die 'Pappnase' ja gut sein muss, weil er sonst keine fünf Punkte in der Beurteilung bekommen hätte. Daher bekommt er sicherlich einen guten Posten. Hingegen der Top-Mann, der lediglich eine Drei-Punkte-Beurteilung hat, weil er noch nicht zur Beförderung anstand, kann Pech haben und bekommt eine Tätigkeit, die ihm gar nicht gefällt.

Das bedeutet, die Leistung der guten Leute wird bei der Beurteilung dermaßen gedrückt, dass sie in einem großen Topf der Drei-Punkte-Beurteilten schwimmen und in der Regel nicht befördert werden können, weil die Vier- und Fünf-Punkte-Beurteilten den Vorrang haben. Sollte aber vielleicht in diesem Jahr die Landtagswahl anstehen, kommen mehr Beförderungsstellen. Das bedeutet, dass auch Drei-Punkte-Leute befördert werden können. Das Ende vom Lied ist dann aber, dass bei gleicher Eignung und Befähigung Frauen vor Männern zu befördern sind. Der Top-Mann hat also seine Drei, obwohl er eigentlich eine Fünf verdient hätte. Möglicherweise ist aber eine Frau auf Grund ihres Charmes mit einer Drei beurteilt worden, obwohl sie nur eine Zwei verdient hätte und zieht an diesem Top-Mann vorbei und wird vor ihm befördert. Auch wenn die Frau vielleicht leistungsmäßig wesentlich schlechter ist, wird sie trotzdem vor ihm befördert, weil es ja ein Frauenförderungsgesetz gibt. So ein System schafft wirklich sehr viel Frust und macht aus manchem engagierten Polizisten einen typischen Beamten, wie man ihn sich negativ vorstellt.
Meines Erachtens liegt bezüglich des Frauenförderungsgesetzes ein klarer Verstoß gegen den Gleichheitsgrundsatz aus Artikel 3 Grundgesetz vor, wonach alle Menschen gleich zu behandeln sind. Aber im öffentlichen Dienst ist das anders. Hier sind manche Menschen gleicher, und der Europäische Gerichtshof hat das Ganze sogar noch für rechtens erklärt. Frauen werden teilweise im Mutterschaftsurlaub befördert, also in einer Zeit, in der sie gar nicht arbeiten, und manch andere reißen sich da wirklich in Anführungszeichen „den Arsch auf" und kommen nicht weiter. Das ist nicht richtig und schafft Unfrieden. Ich kann Frauen nur raten: Geht in den öffentlichen Dienst!

Karneval 1967 mit meiner Schwester Monika

1971, der erste Schultag
mit Vater Günter Naseband

Urlaub an der Ostsee, 1966

Mit Papa Schlauchboot fahren, Ostsee 1975

Hochzeit, 1991

Der erste Karneval von meinem Sohn Mike, 1993

Vier Generationen Naseband
Uropa Kurt, Vater Günter, Sohn Michael und Enkel Mike, 1995

Männertour Arizona auf der Route 66
(von links) Hoffi, Peter, Klaus, Benno und ich, 1997

Die Bankraub-Oma, 2001

Pristina Airport
Ich als Station-Commander zusammen mit Polizisten aus Spanien, Italien und USA, 2003

UN-Mission im Kosovo
mit einem indischen Kollegen

Das ‚K1'-Team

Ohne Worte

Mit Alexandra Rietz bei Dreharbeiten zu ‚K1', 2006

Am Set, nach einer Verfolgungsszene, 2005

Drehtag in München
oben mit Kollegen Gerrit Grass, unten mit Vreni

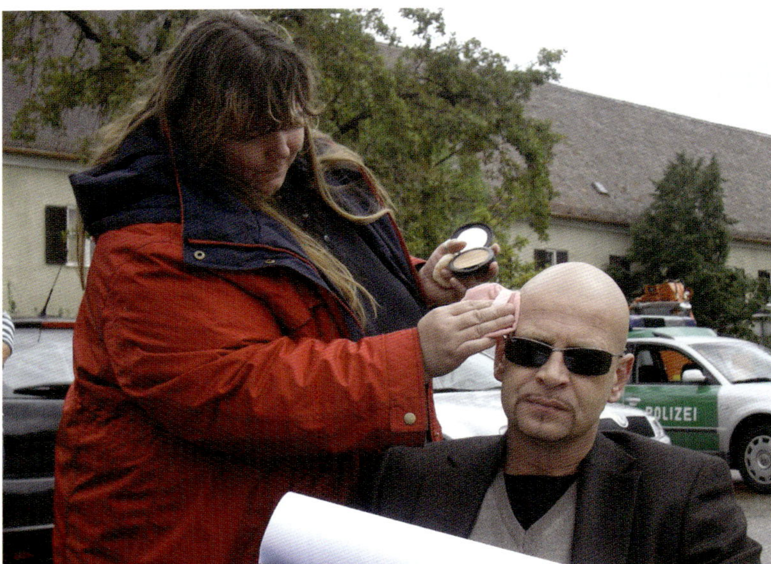

Karte zum 40. Geburtstag
für unsere Producerin Bianca, 2005

Bilder vom Dreh
mit Sohn Mike, 2005

Skiurlaub im Kaunertal/Österreich mit Mike, 2005

Tsunami-Opfer: Meine „Patenkinder“ in Thailand mit ihrem Vater

Geburtstagsgeschenk von meinen Freunden Marc und Eva

Es gab ja mehrmals Berichte über Polizistinnen, die sich umgebracht haben, weil sie sich von ihren männlichen Kollegen gemobbt fühlten, und das ist natürlich eine traurige Sache, aber so etwas kommt vor, auch in anderen Berufen und nicht nur bei der Polizei. Ich bin der Meinung, dass diese Leute, die den Freitod gewählt haben, das wohl auch in einem anderen Beruf gemacht hätten, wo sie wahrscheinlich genauso wenig klargekommen wären. Bei der Polizei ist der Umgangston untereinander vielleicht ein bisschen derber, aber ich glaube, dass die Ursache zum großen Teil in der Person selbst liegt. Es wäre falsch zu sagen, die Polizei hat diese Leute kaputtgemacht.
Natürlich übt man bei der Polizei eine ganze Menge Macht aus, ein Phänomen, das den Beruf mit Sicherheit auch interessant macht. Man muss diese Macht aber zum Wohle der Bevölkerung einsetzen. In den meisten Fällen klappt das auch. Leider gibt es aber immer wieder Leute, die mit dieser Macht nicht umgehen können.
Polizist zu sein ist grundsätzlich ein schöner Beruf. Man lernt viele Facetten des Lebens kennen, die dem normalen Bürger verschlossen bleiben. Man sieht viele Dinge, die der Normalbürger niemals sieht, aber man muss sich damit abfinden, in 'geregelter Armut' zu leben. Ganz so schlimm ist es natürlich nicht. Man hat ein gutes Auskommen, aber große Sprünge kann man auch nicht machen.
Bei der Polizei gibt es viele clevere Leute, die in der freien Wirtschaft sicherlich eine große Karriere hätten machen können. Aber wenn man einmal in diesem Beruf ist, hört man nur in den seltensten Fällen freiwillig damit auf. Diese Tatsache und das eher bescheidene Einkommen führen dazu, dass sehr viele Polizisten noch einen Nebenjob haben. Es gibt eine Nebentätigkeitsverordnung, die alles regelt.

Man kann verschiedene Sachen anmelden, einige werden jedoch nicht genehmigt. Die Nebentätigkeiten müssen im Einklang mit dem Hauptjob stehen. Polizisten dürfen z.B. kein Gewerbe haben, daher läuft es dann auf den Namen der Ehefrau. Es gibt schon einige Hintertüren. Die Wochenarbeitszeit beträgt vierzig Stunden. Da bleibt genug Zeit für andere Dinge, und Überstunden können gesammelt und abgefeiert werden.
Ich habe früher mal mit dem Gedanken gespielt, nebenbei eine Detektei aufzumachen, weil ich eben immer irgendwo noch eine finanzielle Einnahmequelle gesucht hatte. Da gab es nur ein Problem. Bei der Polizei kann man sehr viele Dateien nutzen, um etwas über bestimmte Personen zu erfahren. Hat man nebenbei eine Detektei und muss etwas über eine Person herausfinden, kann man ihn tagelang observieren oder sich fünf Minuten an den Computer setzen. Was würden Sie tun? Sehen Sie, ich würde auch den Computer nutzen, und das ist natürlich verboten. Wenn man das macht und es auch noch rauskommt, setzt man sich gehörig in die Nesseln! Und deswegen habe ich es sein lassen.
Für mich persönlich war es immer wichtig, dass ich alle drei bis fünf Jahre mein Aufgabenfeld verändere. Dadurch habe ich in 21 Jahren Polizei fast alle Facetten dieses Berufes kennengelernt.
Meine Tätigkeit in den letzten Jahren, die Bearbeitung schwerer Raubdelikte und die Mordkommission, hätte ich sicherlich noch einige Jahre weitergemacht, denn es war wirklich interessant.
Ebenso entscheidend für mich ist, dass ich frei und selbständig arbeiten kann, dass mir nicht immer jemand auf die Finger guckt. Wenn ständig einer hinter mir steht und sagt, wie ich zu arbeiten habe, dann verliere ich schnell die

Lust. Ich habe auch viele Chancen genutzt, um mich weiterzubilden. Wissen ist eben Macht. Durch diese Einstellung zum Beruf habe ich in den letzten Jahren völlig frei arbeiten können. Genauso gibt es aber Leute, die ihre Ausbildung bei der Polizei absolvieren und kein Interesse daran haben, sich weiterzubilden. Denen reicht, was sie machen, und sie sind oft zufrieden damit. Deswegen gibt es Leute, die Streifenwagen fahren wollen, weil es ihnen Spaß macht, und das tun sie dann bis zu ihrer Pension.

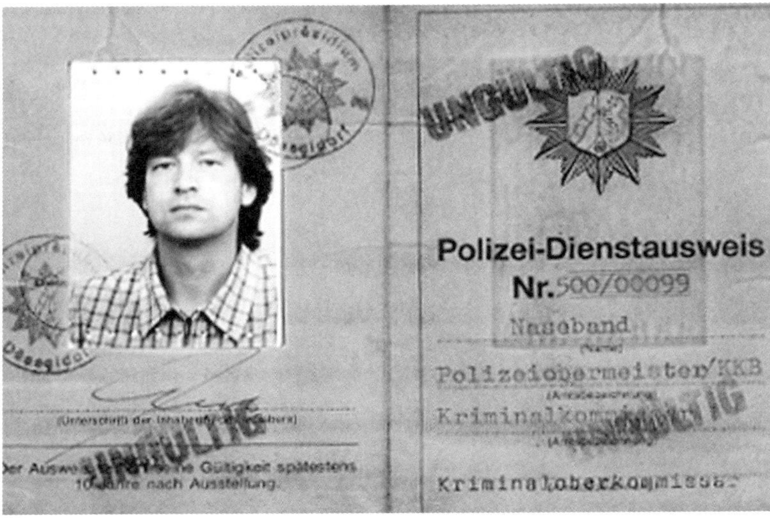


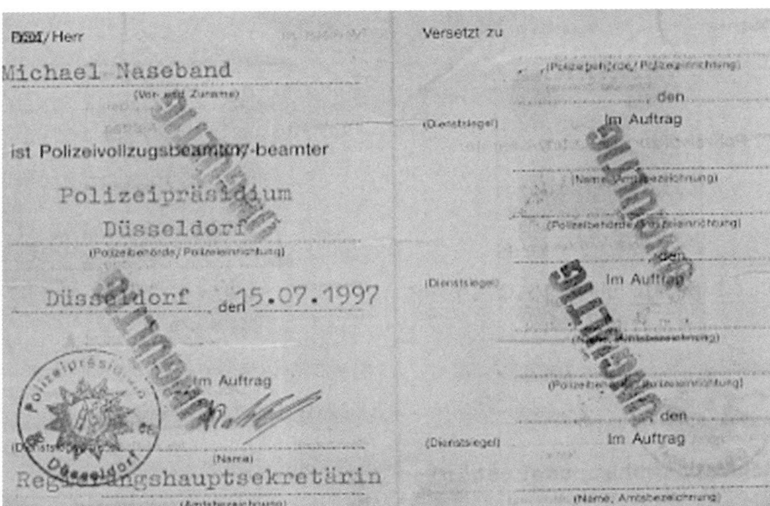


*Mein Polizeidienstausweis*

## *Serienalltag*

Am 1.9.2003 lief die erste Folge von 'K11'. Das Konzept der Serie ist recht simpel: Man schafft realitätsnahe Fälle und besetzt die Hauptrollen mit echten Kommissaren, die langjährige Erfahrung haben. Das gibt dem Ganzen einen sehr authentischen Charakter. Deshalb nennt sich das Format auch 'Scripted Reality'. Wir spielen zwar eine Rolle, sogar unter unseren richtigen Namen, aber so wie unsere Arbeit dargestellt wird, könnte sich das auch in einem 'echten' Kriminalkommissariat abspielen.

Die praktische Arbeit dort ist zwar nicht immer so spannend, aber im großen und ganzen ist es recht realitätsnah. Der Zuschauer fände es auch kaum interessant, wenn wir mehrstündiges Aktenstudium zeigen würden. Natürlich ist es eine einfach gemachte Serie, und einige Dinge wirken manchmal hölzern, aber es kommt gut an beim Zuschauer. Das hängt auch sehr stark mit den agierenden Personen zusammen. Wir sind keine Superhelden, sondern normale Menschen mit all unseren Stärken und Schwächen. Wir machen mal ein Späßchen und zeigen unsere Persönlichkeit, und ich glaube, genau das ist es, was den Leuten gefällt.

Anfangs, im September 2003, hatten wir in der Zielgruppe Einschaltquoten von etwa acht Prozent, und alle sagten, dass es viel zu wenig wäre. Sat.1 hatte zwar vorher auf diesem Sendeplatz auch nicht mehr, aber man hatte von uns eine höhere Quote erwartet. Deswegen war es zunächst fraglich, ob die Serie weiterläuft oder abgesetzt wird. Die Einschaltquoten sind sehr wichtig und allgegenwärtig. Das erste, was ich morgens mache, ist das Checken der Quote vom Vortag. Das ist ein ziemlicher Druck, der auf einem

lastet. Irgendwann hatten wir uns schließlich auf etwa zwölf Prozent Marktanteil etabliert, und es ging aufwärts. Dennoch verstummten die Diskussionen darüber, die Serie einzustellen, nicht. Aber jedes Mal, wenn man das überlegte, stiegen unsere Quoten etwas an. Die Verantwortlichen im Sender gaben uns dann immer wieder eine weitere Chance und machten im nachhinein gesehen alles richtig. Mittlerweile sind unsere Einschaltquoten sehr gut, und wir steigern uns weiter. Wir gehören zu den erfolgreichsten täglichen Serien im deutschen Fernsehen, und man kann uns fast jeden Tag in den Zuschauer-Top-Ten finden. Oftmals liegen wir auf dem dritten Platz hinter „Wer wird Millionär?“ und der Tagesschau. Es ist unglaublich, mit einer günstig produzierten Serie so einen Zuspruch zu finden.
Aber die Verantwortlichen im Sender stehen enorm unter Druck. Das sieht man daran, dass neue Sendungen teilweise schon nach wenigen Ausstrahlungen wieder abgesetzt werden, weil zuwenig Leute einschalten. Man darf nicht vergessen, dass TV-Sender große Wirtschaftsunternehmen sind, die marktwirtschaftlich denken müssen und aus diesem Grund manchmal Entscheidungen treffen, die für den Konsumenten nicht nachvollziehbar sind.
Im Augenblick sitzen wir mit unseren derzeitigen Quoten fest im Sattel und können sicher sein, dass es noch eine ganze Weile weitergeht. Wir haben täglich zwischen vier und fünf Millionen Zuschauer bei einem durchschnittlichen Marktanteil von sechzehn, siebzehn oder mehr Prozent. Wenn es weiterhin so läuft, kann man davon ausgehen, dass wir zumindest bis Ende 2008 auf Sendung bleiben.

Manchmal beneiden mich Leute um meinen jetzigen Job, aber sie wissen nicht, wie anstrengend er sein kann. Man

lebt praktisch für eine solche Serie, und es bleibt kaum Zeit für andere Dinge. Feierabend ist erst, wenn die Folge im Kasten ist. Wir produzieren in fünf Tagen vier Folgen, in Doppeldrehwochen sogar zehn Folgen in fünf Tagen. Das heißt, wir machen an normalen Tagen zwanzig und in Doppeldrehwochen knapp fünfzig Minuten Fernsehen. 'Normale' Filmproduktionen machen ca. drei bis sechs Minuten Fernsehen am Tag. Natürlich wirkt sich dieses Tempo auch auf die Qualität aus, weil die Zeit fehlt, Szenen ein zweites oder drittes Mal zu drehen. Und für diese sehr kurze Produktionszeit und die oftmals nicht einfachen Produktionsbedingungen ist die Serie wirklich klasse.
Wir drehen in der Regel von Montag bis Freitag. Ein normaler Arbeitstag dauert etwa zwölf Stunden, es können aber durchaus auch einige Stunden mehr werden. Ich erinnere mich, dass wir einmal nach achtzehn Stunden die Nachtszenen immer noch nicht abgedreht hatten, und die Sonne ging schon auf. Wer mit Fernsehen oder Film zu tun hat, der weiß, dass dort viel und lange gearbeitet wird und nicht nach acht Stunden der Stift fällt. Wir machen das mittlerweile seit 2003, Woche für Woche bis auf kurze Urlaube, und das geht ganz schön an die Substanz.
Dazu kommt das Lesen der Drehbücher, Kommentare dazu schreiben und die Heimreisen nach Düsseldorf. Oft bestehen Drehtage nur aus Arbeiten und Schlafen. Manchmal gibt's nicht mal genug Schlaf zwischen den Drehs. Das wilde Partyleben, das viele bei Film und Fernsehen vermuten, muss aufs Wochenende verschoben werden, sofern man da nicht noch andere Jobs macht. Man verdient wirklich nicht schlecht, und der Dreh macht meistens Spaß, aber es kommen immer wieder die Tage, an denen man sich fragt, ob es das Ganze wert ist. So wie unsere Serie produziert

wird, hat man an einem Drehtag nicht mal fünf Minuten Ruhe zwischendurch. Die Folge muss fertig werden, und ein typischer Drehtag läuft etwa so ab:
Zwei Stunden vor dem Dreh stehe ich auf, damit ich nicht so fertig aussehe und meine Stimme nicht noch rauher ist als ohnehin schon. Dann geht's in die Badewanne. Das mache ich jeden Morgen und abends meist noch mal. Eine schöne Entspannung und bei meiner 'Frisur' auch recht zweckmäßig, weil ich mich dabei direkt nass rasieren kann. Wenn noch Zeit ist, gehe ich in einem Café frühstücken; wenn nicht, gibt's nur einen Toast auf die Hand. Dann wird zum Drehort gefahren. Da wir in und um München drehen, dauert die Fahrt oft eine halbe Stunde. Am Drehort angekommen, geht's dann direkt richtig los. Die Kostümfrau kommt und fragt, welche Klamotten ich anziehen will. Da das Drehbuch normalerweise an zwei oder drei Filmtagen spielt, sind dementsprechend mehrere Outfits nötig. Umgezogen geht's in die Maske. Meist macht das 'Vreni'. Sie ist zwanzig Zentimeter kleiner als ich, wiegt aber fast das Doppelte und ist eine Seele von Mensch. Mit ihr kann man sich dabei nett unterhalten oder liest schon mal die erste Szene. Anschließend wird man verkabelt, d.h. man bekommt einen kleinen Sender am Gürtel befestigt, und ein Mini-Mikrofon wird unter der Kleidung versteckt. Umziehen, Maske und Verkabeln passiert bei Wind und Wetter teilweise auf der Straße, weil keine geeigneten Räumlichkeiten zur Verfügung stehen oder sich oftmals einfach niemand darum gekümmert hat.
Jetzt fängt die eigentliche Vorbereitung der Szene an. Zunächst wird der Text zusammen mit allen Darstellern durchgegangen. Es kommt vor, dass wir die Drehbücher jetzt zum ersten Mal sehen. In dem Fall wird uns erklärt, was passiert, und wer die Guten und die Bösen sind. In den meisten Fäl-

len habe ich das Drehbuch aber schon ein paar Tage vorher gelesen, und meine Kommentare und Anmerkungen wurden berücksichtigt. Jetzt wird der Text passend gemacht. Da die Drehbuchautoren genauso unter Zeitdruck stehen wie wir, muss die Szene oft verändert werden, weil es sich komisch anhört, nicht schlüssig oder teilweise auch kaum sprechbar ist. Den Text gebe ich dann mit meinen eigenen Worten wieder. Trotzdem muss ich die Szene lernen, um zu wissen, wann ich dran bin oder auch, um den anderen Darstellern das Stichwort für ihren Einsatz zu geben.
Pro Szene habe ich dann etwa zwischen drei und zwanzig Einsätzen etwas zu sagen. Das kann nur ein Wort sein oder ganze Textpassagen. Mehr als zehn Minuten stehen für das Lernen der Szene aber nicht zur Verfügung. Danach muss es sitzen, und der Regisseur erklärt uns, wie wir uns bewegen, wo wir uns hinstellen und was wir während des Sprechens machen sollen. Das muss man sich zusätzlich merken, und wenn noch Zeit ist, wird die Szene einmal geprobt, wenn nicht, wird direkt gedreht. „Kameras an", „Kamera läuft", „und bitte". Es erfordert eine ungeheure Konzentrationsleistung, den nur oberflächlich gelernten Text zusammen mit den Bewegungen umzusetzen und mit Gestik und Mimik zu unterstreichen. Oft klappt es dennoch beim ersten Mal, und die Szene ist im Kasten. Meist wird aber noch ein zweiter oder dritter Durchgang gemacht, um andere Kamerapositionen zu bekommen oder Versprecher zu verbessern. Kommt dann vom Regisseur das „Danke – aus", ist die Szene fertig.
Jetzt geht das Ganze wieder von vorne los. Umziehen, Text lernen, proben, spielen und „danke aus". Dieses 'Ritual' wiederholt sich zwischen 15 und 25 mal am Tag. So viele Szenen müssen in der Regel an einem Tag gedreht werden. Zwischendurch pudern, damit die Glatze nicht glänzt, und

wieder neu verkabeln. Den ganzen Tag fummeln irgendwelche Leute, meist Frauen, an einem rum. Was eigentlich der Traum der meisten Männer ist, wird hier zur Belastung. Ständig wird gerufen „Kommst du mal hier her“, „Gehst du mal dahin“, „Ruf doch bitte mal bei der Redaktion an, die wollen etwas wissen“, „Kannst du dem Motivgeber noch ein paar Autogrammkarten schreiben und mit ihm ein Foto machen“, „Gehst du dich bitte umziehen“, „Komm mal bitte, wir brauchen dich noch für einen Pick-Up“, „Was, du bist schon umgezogen? Nein, dann bitte noch mal zurück umziehen“, „Kommt Leute, macht schneller, wir hängen eine Stunde und haben noch ein großes Programm“…
So geht das den ganzen Tag, nur unterbrochen durch eine halbstündige Mittagspause, die oft erst am späten Abend stattfindet. In der Mittagspause geht es aber genauso weiter: „Bitte, beeilt euch beim Essen, wir haben keine Zeit.“
Ich habe noch nie einen anstrengenderen Job gemacht. Es gibt auch keinerlei Privatsphäre. Man ist nie alleine und kann nicht mal in Ruhe ein Telefonat führen. Aber das muss man von Zeit zu Zeit, weil das Leben außerhalb der Serie weitergeht und man sich wie jeder andere Mensch um verschiedene Dinge zu kümmern hat. Hin und wieder platzt mir mal der Kragen, und ich sage, dass mich alle in Ruhe lassen sollen. Dann telefoniere ich mit meiner Freundin oder meinem Sohn oder gehe einfach nur draußen eine rauchen. Aber es dauert keine zwei Minuten, dann steht der Aufnahmeleiter neben mir und sagt, dass alle warten würden.
Ich kann mich noch daran erinnern, dass ich einmal während des Drehs einen Anruf von meinem Vater erhielt, der mir mitteilte, dass es meiner Mutter sehr schlecht ging und er das Schlimmste befürchtete. Während ich diese schockierende Nachricht bekam, stand schon wieder ein Aufnahmeleiter

neben mir. Ich gab ihm ein Zeichen, dass ich noch zwei Minuten bräuchte. Nach ca. dreißig Sekunden kam er wieder und wollte mich während des Telefonierens an meiner Kleidung zurück in den Raum ziehen. Ich war so sauer, dass ich ihm fast eine reingehauen hätte.
Manchmal ist es kaum auszuhalten, und wird man mal etwas lauter, heißt es oft: „Ach, jetzt bekommt er schon Starallüren.“ Dabei verstehen die Leute gar nicht, dass das reiner Selbstschutz ist. Ich drehe deshalb auch nur noch vier Tage in der Woche, d.h. die Außenszenen für drei Fälle und den Bürodreh mit den Szenen für alle vier Fälle der Woche. Bei Folgen, in denen ich nur im Büro zu sehen bin, hatte ich frei. Früher hat es mich immer gewundert, wenn Schauspieler aus irgendwelchen Soaps ausstiegen. Ich dachte: ‘Die haben doch einen super Job und verdienen viel Geld’, aber heute verstehe ich es. Man kann unter solch einem Druck nicht ewig arbeiten, und Geld ist nicht alles im Leben. Außerdem wiederholt sich bei täglichen Formaten vieles und ist deswegen irgendwann nicht mehr so spannend. Aber trotz aller Widrigkeiten ist es ein toller Beruf, in dem man genau wie in meinem vorherigen vieles erlebt.

Der Kontakt zu den anderen beiden Hauptdarstellern Alexandra Rietz und Gerrit Grass ist sehr gut. Wenn wir Zeit haben, gehen wir auch öfter mal abends nach dem Dreh etwas zusammen trinken und waren auch schon gemeinsam im Urlaub. Beide sind für mich nicht nur Arbeitskollegen, sondern mittlerweile Freunde. In vielen Fernsehproduktionen können sich die Hauptdarsteller nicht riechen, weil der eine glaubt, der andere würde besser behandelt, oder seine Rolle sei wichtiger. Natürlich gibt es bei uns hin und wieder kleinere Auseinandersetzungen, aber das ist schnell

wieder vergessen. Es wäre ja auch belastend, wenn wir uns nicht verstehen würden, denn es gibt niemanden, mit dem wir mehr Zeit verbringen.
Alex kenne ich schon seit dem Drehtag zur ersten Folge. Wir haben uns auf Anhieb gut verstanden. Sie ist einfach nett und völlig unproblematisch. Ab und zu meckere ich mit ihr rum, weil sie noch mal eben auf die Toilette oder sich schminken muss, telefonieren oder dies oder das noch schnell zu erledigen hat, aber so sind die Frauen, und wir Männer müssen damit leben.
Gerrit ist für mich ein richtiger Kumpel geworden. Wir machen abends öfter was zusammen und sehen dann am nächsten Morgen meist ein paar Jahre älter aus. Mit Branco, der vor Gerrit als dritter Mann in der Serie mitgespielt hat, habe ich mich auch gut verstanden. Er ist ein sehr netter Kerl, aber das Verhältnis zu Gerrit ist kumpelhafter. Wir reden viel zusammen, über Gott und die Welt und natürlich über unser Lieblingsthema: Frauen
Alex war vor der Serie ebenfalls bei der Kriminalpolizei. Sie hat den Job neun Jahre gemacht und überwiegend in Osnabrück und Hannover gearbeitet. Gerrit war kein Polizist und ist genau wie wir kein gelernter Schauspieler. Er hatte früher einen Jeansladen in München und hat dann beim Fernsehen angefangen und als Aufnahme- und Produktionsleiter gearbeitet.
Die Leute aus unserem Team, die Regie, Realisation, Kamera, Ton, Technik, Kostüm, Maske und Aufnahmeleitung machen, wechseln sich zwar ab, aber die meisten kennen wir schon seit dem ersten Jahr unserer Serie. Wir verstehen uns alle prima und haben beim Dreh immer viel zu lachen. Andi, einer unserer Regisseure, der auch schon am längsten mit uns zusammenarbeitet, hat immer einen Spruch drauf,

der dazu beiträgt. Wenn er uns ruft, sagt er z.B.: „Hey, ihr Gesichtsverleiher, kommt zum Set – arbeiten“, oder wenn eine Szene super gelaufen ist, sagt er: „Für eure Verhältnisse einigermaßen okay.“ So geht das durch den ganzen Tag, selbst wenn mal wieder alles schiefgeht.
Einige Leute, die sich mit Fernsehproduktionen gut auskennen und die fast durchweg gute Laune bei uns am Set mitbekommen haben, wunderten sich, dass trotz des hohen Arbeitspensums immer noch so ein herzliches Klima herrscht und so diszipliniert gearbeitet wird. Aber ohne den nötigen Spaß an der Arbeit und gute Stimmung im Team könnte man den Job über eine längere Zeit gar nicht machen. Dazu tragen natürlich auch die vielen kleinen ‘Pannen’ bei. Man geht in die falsche Tür und sagt: „Wir haben einen Haftbefehl für ihr Haus“, und merkt nicht mal, dass man etwas Falsches gesagt hat. Dann gibt es Sätze, die einfach nicht rauswollen, und man muss sie einige Male sprechen, bis sie sendefähig sind. Das führt natürlich dazu, dass man vor lauter Lachen überhaupt nicht mehr spielen kann. Ich musste einmal mit meinem Ex-Spielpartner Branco eine Szene, die eigentlich nur aus fünf Sätzen bestand, sechzehnmal drehen, weil wir uns nach den ersten Versprechern schon totlachen mussten, wenn wir uns nur ansahen. Dann hilft nur eins: Zehn Minuten Pause, eine rauchen, etwas trinken, damit die Zunge wieder lockerer wird und weiter geht´s. Wenn man die Outtakes mit allen Versprechern senden würde, wäre die Quote wahrscheinlich noch besser.

Es passiert oft, dass Leute nicht wissen, dass wir früher Polizisten waren und uns für Schauspieler halten. Das schmeichelt natürlich, aber man findet sich nach einer gewissen Zeit in so eine Rolle ein. Und wenn man nach Hunderten

von Folgen nichts dazu gelernt hat, dann sollte man sich etwas anderes suchen. Anfangs hatte ich Probleme, mir diese ungeheuren Textmengen zu merken. Heute geht das viel lockerer von der Hand. Wir sagen die Dinge zwar mit unseren eigenen Worten, aber es gibt natürlich ein Drehbuch, und wir müssen einiges an Text lernen, damit jeder weiß, wann er an der Reihe ist. Zunächst fiel mir das Auswendiglernen ziemlich schwer. Ist ja auch ein ganz schönes Pensum, wenn man jeden Tag ein neues Drehbuch spielt. Aber wie lautet das alte Sprichwort: 'Übung macht den Meister.' Und nach mittlerweile über 600 abgedrehten Folgen ist das Lernen des Textes jetzt Routine geworden. Zwei, dreimal eine Szene lesen und der Text sitzt.
Dadurch, dass wir relativ frei arbeiten können, entstehen manchmal Szenen, die gar nicht im Drehbuch stehen, später aber reingeschnitten werden, weil sie so amüsant sind. Die kleinen Gags und lustigen Sprüche in unserer Serie entstehen meist spontan und spiegeln einfach nur unsere Persönlichkeit wider. Wenn meine Mutter manchmal gefragt wird, ob ich wirklich so bin wie in der Serie, erwidert sie, dass man im Fernsehen fast hundert Prozent ihren Sohn sieht, wie er wirklich ist.
Öfter kriegt man zu hören: „Mein Gott, was machen die da schon, die sind von der Kripo, und die machen genauso dasselbe, was sie früher bei der Polizei auch gemacht haben und sind einfach nur sie selbst. Das hat nichts mit Schauspielerei zu tun." So ist es aber nicht, denn das eine hat mit dem anderen nicht viel zu tun. Wir haben zwar polizeiliche Erfahrung, aber wenn die Kamera angeht, ist das eine andere Sache. Man soll den gelernten Text so natürlich rüberbringen, als würde man sich ganz normal unterhalten und keine Kamera mitlaufen. Dazu soll es noch spannend

und unterhaltsam sein. Also, da fühlen wir uns schon als Schauspieler.
Aber wenn Leute mich nicht kennen und mich fragen, was ich beruflich mache, weiß ich nie so recht, was ich sagen soll. Ich bin kein ausgebildeter Schauspieler, und Polizist bin ich auch nicht mehr. Ich sage dann meist: „Ich spiele in einer Sat.1-Serie mit.“ Und dann muss man es immer erklären.
In dem Zusammenhang gab es mal eine ganz lustige Geschichte. Mein Freund Sven hat geheiratet, und ich war Trauzeuge. Vor der standesamtlichen Zeremonie muss man seinen Ausweis vorlegen und angeben, was man beruflich macht. Ich wusste mal wieder nicht, was ich auf diese Frage antworten sollte, und sagte: „Darsteller.“ Die Frau vom Standesamt guckte uns komisch an und fragte, was das denn für ein Beruf sein soll. Um die ganze Sache abzukürzen, sagte Sven: „Er ist Schauspieler.“ Als wir dann mit allen Hochzeitsgästen bei der eigentlichen Trauung waren, wurde noch mal alles vorgelesen. Es heiraten Sven und Jane, die folgende Berufe haben, und als Trauzeugen sind hier… Bei mir wurde jedenfalls gesagt: „Michael Naseband, Schauspieler.“ Das war ganz am Anfang der Serie, und alle haben erst mal herzlich gelacht – wie peinlich. Nach der Trauung sagte meine Exfrau, die ebenfalls dort war, zu mir, dass sie immer schon gewusst hat, dass ich ein Schauspieler sei. Das war natürlich Sarkasmus pur.
Irgendwie sehe ich mich schon als Schauspieler. Wie sollte man es auch sonst ausdrücken. In unserer Serie spielen oft ausgebildete Schauspieler mit, und es gibt wie in jedem Beruf gute und schlechte. Bei manchen denkt man wirklich: „Was haben die bloß drei Jahre auf der Schauspielschule gemacht – gelernt haben sie jedenfalls nichts.“ Aber bei den meisten merkt man, dass sie eine Ausbildung haben,

besonders, wenn es darum geht, Emotionen darzustellen. Wir hatten mal eine Szene, in der wir einer Frau die Nachricht überbrachten, dass ihre Tochter ermordet worden war. Die Frau hat das so gut und überzeugend gespielt, dass uns beinahe Tränen in den Augen standen. Genauso gibt es aber viele Amateure, die zum ersten Mal vor einer Kamera stehen und es prima machen. Unglücklicherweise hat man auch immer wieder Totalausfälle – Leute, die es nicht schaffen, einen geraden Satz rauszubringen.
Leider sind wir durch unsere Rollen gebunden und müssen immer die 'Guten' sein. Gerne würde ich mal einen 'Bösen' oder einen richtigen 'Voll-Assi' spielen. Das könnte ich mit Sicherheit gut, auch weil ich viel mit solchen Menschen in meinem Beruf zu tun hatte. Ich weiß, wie die ticken.
Wir haben jetzt schon sechshundert Folgen gedreht, und zumindest die Tausend machen wir bestimmt noch voll. Man lernt natürlich dabei. Nach dem Motto „learning by doing". Außerdem haben wir einen guten Schauspiel-Coach. Er ist zwar nicht regelmäßig bei uns, aber die vielen kleinen Tipps, die er gibt, helfen enorm weiter. Wenn man sich unsere ersten Folgen ansieht und mit den heutigen vergleicht, kann man einen ganz schönen Unterschied feststellen.
Was die Inhalte betrifft, bin ich gleichzeitig auch Fachberater und kann dementsprechend eingreifen, indem ich sage: „Das geht nicht, das können wir so nicht machen, diese Maßnahme ist nicht erlaubt, und so würde kein Polizist sprechen." Egal, was es ist, meine Partnerin und ich nehmen viel Einfluß darauf. Uns ist wichtig, dass das eine Polizeiserie bleibt und keine Comedy-Veranstaltung wird.
Die Geschichten werden von Autoren geschrieben, denen die Arbeit der Polizei in der Regel nur aus dem Fernsehen bekannt ist. Wenn ich zum Drehort komme, habe ich das

Drehbuch einmal vorher durchgelesen, damit ich weiß, um was es geht und um die Szenen auf ihre Rechtmäßigkeit zu prüfen. Sollte etwas unrechtmäßig oder praxisfremd sein, wird es geändert. Das ist ein weiterer Punkt, warum unsere Serie so gut funktioniert. Meine Partnerin Alexandra war neun und ich einundzwanzig Jahre bei der Polizei. Wir wissen, um was es geht und würden völlig polizeiuntypische Szenen nicht spielen. Zahle jemandem viel Geld, und er macht so einiges dafür, aber dennoch gibt es Grenzen. Es kommt auch immer sehr auf das Drehbuch an. Bei einem guten Buch würde ich Dinge machen, die ich vielleicht bei einem schlechten ablehnen würde. Man schreibt uns immer mal wieder etwas in die Drehbücher, das wir ablehnen, und dann geht die Diskussion los: „Du hast einen Vertrag mit uns und musst machen, was in den Büchern steht." Aber wer will mich zwingen. Und solange ich unter meinem eigenen Namen spiele, verkaufe ich mich nicht als einen anderen, der ich nicht bin. Mittlerweile werden diese Diskussionen immer seltener, weil die Autoren uns nach ein paar hundert Folgen ganz gut einschätzen können. Dass wir das immer konsequent durchgezogen haben, ist mit Sicherheit auch ein Grund, warum wir so erfolgreich sind. Zusammen mit den Verantwortlichen haben wir immer daran gearbeitet, die Serie weiterzuentwickeln.

Ich werde oft gefragt, ob die kleinen Scherze, die wir machen, auch im Drehbuch stehen. Nein, meist entstehen solche Dinge spontan und sind auf dem Mist der Darsteller gewachsen. Anfangs sollten wir immer ernst sein. Ich wollte mal ein Späßchen machen, und man sagte mir: „Ihr seid Polizisten, ihr macht eure Arbeit und geht zum Lachen in den Keller!" Da es aber in der Realität auch nicht so ist, haben wir dennoch von Zeit zu Zeit etwas Persönliches oder etwas

Lustiges eingebaut, und dem Zuschauer gefiel es. Danach hieß es: „Ihr müsst noch viel persönlicher werden und öfter mal kleine Witzchen einbauen."
Die Leute, die unsere Serie ansehen, sind ganz unterschiedlich. Der für den Sender interessanteste Zuschauerkreis ist die Zielgruppe der 14- bis 49-jährigen, denn für diesen Personenkreis zahlt die Werbeindustrie, und daher sind die meisten Sendungen auf dieses Alter ausgerichtet. Natürlich gibt es auch viele jüngere oder ältere Leute, die unsere Sendung sehen, aber sie zählen nur zur Gesamtzuschauerquote und nicht zur Zielgruppe. Die Klassenkameraden von meinem vierzehnjährigen Sohn kennen alle ‘K11’, und sehr viele sehen es regelmäßig. Die Kids sind sowieso ganz heiß auf unsere Serie. Ich bekomme sehr viel Post, in der gefragt wird, wie man Kriminalbeamter werden kann.
Aber auch viele ältere Leute finden die Serie klasse. Meine Mutter war kürzlich für ein paar Wochen im Krankenhaus, weil es ihr wirklich schlecht ging. Sie wollte einfach nur ihre Ruhe haben und bat die Frau, die mit ihr in dem Zimmer war, den Fernseher auszulassen. Daraufhin sagte die Frau, dass sie auch gut ohne Fernsehen leben könnte, aber eine Sendung am Tag müsste sein. Das war der Kompromiss. Als meine Mutter dann erfuhr, dass ihre Zimmernachbarin von unserer Serie sprach, musste sie herzlich lachen.
Manchmal sagen Leute, dass sie unsere Serie nicht kennen oder nicht anschauen, aber nach einem kurzen Gespräch kommt raus, dass sie doch recht gut informiert sind. Es ist ein bisschen so, wie es früher beim ‘Daily Talk’ war. Keiner hat's gesehen, aber alle wussten Bescheid, und die Quoten waren super. Auch vergleichbar mit der Bildzeitung. Viele Leute geben nicht zu, dass sie die Bildzeitung lesen. Trotzdem weiß jeder, was drin steht. Ich muss ganz ehrlich sagen, ich

lese gerne die 'Bild' oder auch den 'Express' in Düsseldorf. Das ist leichte Unterhaltung, und man kriegt trotzdem noch etwas vom Tagesgeschehen mit. Es ist halt Boulevard. Für viele ist es peinlich, wenn sie mit der Bildzeitung unter dem Arm durch die Stadt laufen. Es muss dann schon die FAZ sein, damit man ein bisschen intellektueller aussieht.

Manche der jüngeren Zuschauer sehen mich als Vorbild. Ich bekomme viele Briefe von jungen Menschen, die toll finden, was ich mache und auch gerne zur Polizei gehen oder mich als Vater haben würden. Und dann denke ich immer: „Mensch, das ist eigentlich ganz gut, was du machst." Da gibt es nur einen Punkt: Wie im richtigen Leben rauche ich auch in der Serie und habe schon von einigen besorgten Eltern gehört, dass sie das nicht so toll finden. Ehrlich gesagt, muss ich den Leuten recht geben. Einige der Kids sagen sich vielleicht, wenn der Naseband das macht, dann machen wir das auch. An dieser Stelle ein Appell an die Kids: Rauchen ist nicht cool, sondern ungesund und teuer! Leider ist es sehr schwer, damit aufzuhören, wenn man es einmal angefangen hat. Aber wir Menschen machen ja viele Dinge, die schädlich sind, obwohl wir das genau wissen.
Leider habe ich in der Regel nicht die Zeit, meine ganze Fanpost oder die zahlreichen Einträge in das Gästebuch meiner Homepage *(www.naseband.com)* zu beantworten. Wenn die Leute aber Autogrammkarten möchten, schreibe ich entsprechende Widmungen. Und wenn mal kein frankierter Rückumschlag dabei liegt, zahle ich öfter das Porto. Ich habe neulich einen ganz süßen Brief von einem kleinen Jungen bekommen. Er schrieb, dass er gerne ein Autogramm mit Widmung haben möchte und hatte auch einen Briefumschlag beigelegt. Der war allerdings selbstgebastelt, und die

Briefmarke hatte er aufgemalt. Klar, so einem Jungen schickt man natürlich ein Autogramm und übernimmt das Porto.

Mittlerweile werde ich auch ständig angesprochen, wenn ich irgendwo unterwegs bin. Die Leute wollen Autogramme oder Fotos machen. Durch mein Äußeres und meine Stimme habe ich einen hohen Wiedererkennungswert. Dazu hat man natürlich nicht immer Lust. Wenn man gut drauf ist – kein Problem, aber ist man das mal nicht, was zum Glück äußerst selten bei mir vorkommt, möchte man in Ruhe gelassen werden.
Für mich ist es natürlich toll, so viele Fans zu haben. Bis zum Jahre 2003 kannten mich nur die Leute, mit denen ich täglich zu tun hatte. Heute kennen mich Millionen von Menschen. Daran muss man sich erst gewöhnen. Aber wenn man in der Öffentlichkeit steht, gehört dazu, dass man sich um seine Fans kümmert. Schließlich würde die Serie ohne sie nicht funktionieren. Letztendlich bezahlen diese Leute auch meine Gagen. Das darf man nie vergessen. Und wenn jemand ein Bild oder ein Autogramm von mir haben möchte, kann ich doch ein bisschen stolz darauf sein. Außerdem sind die Leute immer freundlich, warum sollte ich das dann nicht auch sein.
Ich versuche immer, so zu sein und alles zu machen, wie vor meiner Zeit im Fernsehen, aber dennoch bekommt man bei gewissen Dingen eine Art Vermeidungsverhalten. Man muss immer bedenken, dass einem in der Öffentlichkeit bei allem, was man macht, auf die Finger gesehen wird und es am nächsten Tag in der Zeitung stehen könnte. Manchmal ist das gar nicht so einfach. Aber dieser, ich nenne es immer ‘Pseudo-Prominenten-Status’, hat auch viele Vorteile. Man wird überall nett behandelt, bekommt viele Einladungen zu allen möglichen Veranstaltungen und lernt sehr viele interessante Menschen kennen.

***Frauen: Immer ein gutes Thema …***

Frauen beschäftigen mich schon fast mein ganzes Leben lang. Wir sollten dem lieben Gott danken, dass er Frauen erschaffen hat. Obwohl sie uns Männern oftmals dermaßen auf die Nerven gehen, könnten wir ohne sie nicht leben.
Mal ganz ehrlich: Das ganze Leben dreht sich für uns Männer doch um Frauen. Wir gehen zum Sport, weil wir attraktiv sein wollen, um Frauen zu gefallen. Wir wollen viel Geld verdienen, ein tolles Auto fahren, tolle Klamotten tragen… um Frauen zu gefallen. Natürlich macht man diese Dinge auch für sich selbst, aber irgendwie hängt es trotzdem immer mit Frauen zusammen.
Zu diesem Thema fallen mir ganz viele Dinge ein, zum Beispiel mein erster Kuss. Ich war dreizehn, in der achten Klasse und hatte das Gymnasium gerade gewechselt. Bei einer Geburtstagsparty einer Klassenkameradin haben wir Flaschendrehen gespielt. Jedenfalls musste ich ein Mädchen küssen, so richtig – mit Zunge. Eigentlich wusste ich gar nicht genau, wie ich das machen sollte, aber zu meiner Verwunderung funktionierte alles von ganz allein. Am nächsten Tag in der Schule war mir das dann allerdings so peinlich, dass ich mit dem Mädchen kein Wort mehr gesprochen habe… Aber schließlich war ich erst dreizehn.
Kurz nach meinem sechzehnten Geburtstag erlebte ich mein ‘erstes Mal’. Ich war mit meinem Freund Jörg in der Düsseldorfer Altstadt unterwegs, und wir lernten zwei Mädels kennen. Ich habe eine der beiden überredet, mit mir in den Hofgarten, einen angrenzenden Park, zu gehen, weil ich noch ein bisschen mit ihr knutschen wollte. Sie wollte jedoch mehr, und ich schlief das erste Mal mit einer Frau.

Es war zwar ein erhebendes Gefühl, es endlich 'getan' zu haben, aber ich dachte: „Mensch, das soll es gewesen sein? Das war jetzt das, worüber alle sprechen?“ Um ehrlich zu sein, ich fühlte nicht viel dabei und hatte auch keinen Orgasmus. Dass es daran lag, dass ich einige Biere getrunken hatte, wusste ich ja damals nicht.
Sie war jedenfalls ein Jahr älter als ich und hieß Birgit. Am nächsten Tag habe ich mich noch mal mit ihr getroffen, und zwar in der Wohnung ihrer Freundin, weil deren Eltern in Urlaub waren. Mein Freund Jörg war auch wieder dabei. Er beschäftigte sich in einem Zimmer mit dem Mädchen, und ich mich in einem anderen mit Birgit. Ich war wieder nüchtern, und es war Spitzenklasse. Ich wollte mein ganzes Leben nichts anderes mehr machen. Als ich dann mit Jörg wieder auf dem Heimweg war, gaben wir beide damit an, wie oft wir konnten.
Die Sache mit Birgit ging etwa einen Monat. Anschließend hatte ich einige Freundinnen, aber noch nicht alle hatten sexuelle Erfahrungen. Da ich aber zu ungeduldig war, darauf zu warten, dass die Frauen mit mir schlafen wollten, hatte ich öfter Freundinnen, die etwas älter waren. Das blieb auch eine ganze Weile so. Für einen Teenager ist eine zehn Jahre ältere Frau natürlich das Größte. Als ich neunzehn war, hatte ich ein Verhältnis mit einer Sechsunddreißigjährigen. Sie war Stripperin in einer Bar und sah toll aus. Ich glaube, dass ich damals einiges gelernt habe. Ich weiß noch, dass ich ein paarmal dachte: „Was, so geht das auch…“
Ich fand Frauen, die älter waren und einen gepflegten Körper hatten, immer sehr attraktiv. Mit achtzehn oder neunzehn hatte ich mal was mit einer Frau, die etwa zehn Jahre älter war. Als sie mir sagte, dass sie schon drei Kinder hatte, wunderte ich mich etwas, denn sie hatte einen tollen Körper.

Da ich mich sowieso nicht fest binden wollte und sie sexuell eine richtige Bereicherung war, machte mir das mit den Kindern nichts aus. Aber als sie mir bei einem anderen Date sagte, dass ihre drei Kinder von drei verschiedenen Vätern waren, die alle Michael hießen, suchte ich das Weite.
Ich hatte einige Freundinnen und immer ein paar Telefonnummern, wo ich anrufen konnte, wenn ich Streicheleinheiten oder ähnliches brauchte. Aber nachdem ich länger so gelebt hatte, wollte ich eine Freundin, mit der ich es länger als drei Monate aushielt. Es gab da eine, die ich schon toll fand, seitdem ich fünfzehn war, Ute. Sie war auf einer Mädchenschule gegenüber meinem Gymnasium und das hübscheste Mädchen, das ich zu dieser Zeit kannte. Aber meine Freunde fanden sie auch alle ganz nett. Ich war immer total scharf auf sie, und sie hat mich jedesmal abfahren lassen.
Als ich fünfzehn oder sechzehn war, habe ich auf Partys ein paarmal mit ihr rumgeknutscht, aber sie wollte sich darüber hinaus nicht mit mir treffen. Als ich sie nach einer dieser Knutschorgien fragte, ob wir uns am nächsten Tag sehen würden, sagte sie: „Wenn ich morgen nachmittag an der Sparkasse bin" – dort hatte ich mich zu dieser Zeit immer mit meinen Freunden getroffen – „dann sind wir zusammen. Wenn nicht, dann eben nicht." Ihr war schon vorher klar, dass sie nicht hingehen würde, aber das wollte sie mir nicht sagen. Ich war natürlich da, aber ausgerechnet an diesem Tag war niemand von meinen Freunden dort. Alleine wollte ich mich nicht dort hinsetzen und warten. Viel zu peinlich, wenn sie nicht kommen würde. Zum Glück hatte ich ein Mofa. Ich fuhr alle zwanzig Minuten einmal um die gesamte Sparkasse, um nachzusehen, ob sie dort war, doch leider kam sie nicht. Irgendwann hat Ute mir erzählt, dass sie mich beobachtete,

wie ich dort wie ein Trottel meine Runden zog. So sind sie eben… die Frauen!
Jedenfalls wurde mir das alles zu blöd, und ich fand mich damit ab, dass es mit uns beiden nichts wird, obwohl ich mir mit fünfzehn Jahren schon vorstellen konnte, diese Frau vielleicht einmal zu heiraten. Aber egal, man hat ja auch seinen Stolz. In der nächsten Zeit sah ich Ute nur von weitem in der Stadt.
Als ich zwanzig war, habe ich sie durch Zufall in einem Café wiedergetroffen. Wir hatten uns bestimmt zwei Jahre nicht mehr gesehen. Wir unterhielten uns lange, und sie lud mich zu ihren 21. Geburtstag am nächsten Wochenende ein. Ich ging natürlich hin. Nicht nur, weil viele Freunde von mir dort waren, sondern weil ich sie immer noch klasse fand. Bei dieser Party kamen wir dann zusammen, und sie wollte mich sogar am nächsten Tag wiedersehen und am nächsten und am nächsten…
Ich hatte damals noch keine eigene Wohnung und lebte bei meinen Eltern. Bei ihr war es genauso. Nachdem wir ein Jahr lang Nacht für Nacht zusammen in meinem achtzig Zentimeter breiten Bett geschlafen hatten, nahmen wir uns unsere erste gemeinsame Wohnung.
Das war vielleicht ein bisschen früh, aber es wäre Blödsinn gewesen, wenn jeder eine eigene Wohnung genommen hätte, weil wir sowieso immer zusammen waren. In der knapp sechzig Quadratmeter großen Wohnung fühlten wir uns sehr wohl. In den ersten drei Jahren unserer Beziehung haben wir uns nicht ein einziges Mal gestritten, aber das haben wir dann später doppelt und dreifach nachgeholt.
Als wir etwa fünf Jahre zusammenwaren, machte sich Routine breit. Vielleicht lag es daran, dass wir so jung zusammengekommen waren. Man denkt, man hat was verpasst.

Deswegen bin abends oft mit Freunden ausgegangen. Wir haben was getrunken, Karten gespielt und natürlich auch Frauen kennengelernt. Ich war abends immer seltener zu Hause. Ich glaube, dass ich damals meine Beziehung beenden wollte, aber es nicht übers Herz gebracht habe, meine langjährige Freundin zu verletzen. Durch mein Verhalten hoffte ich insgeheim darauf, dass sie mit mir Schluss machen würde und ich kein schlechtes Gewissen haben musste. Das tat Ute aber nicht, sondern schlug mir vor, dass sie eine Zeit zurück zu ihren Eltern ziehen könnte und wir beide alles überdenken sollten.
Von dem Gedanken war ich natürlich begeistert, weil ich jetzt wieder richtig Gas geben konnte. Ich war 25 Jahre alt und hatte das Gefühl, einiges nachholen zu müssen. Nächtelang war ich mit Freunden unterwegs, habe viel Alkohol getrunken und auch einige Frauen kennengelernt. Aber nach ein paar Wochen merkte ich, dass ich doch sehr an meiner Freundin hing. Als ich einmal wieder mitten in der Nacht nach Hause kam, rief ich sie an. Handys gab es noch nicht, also Festnetz bei ihren Eltern. Die waren im Urlaub, dachte ich zumindest. Ich rief an und sagte, dass ich gleich vorbeikommen würde. Da ich nichts Gegenteiliges hörte, setzte ich mich ins Taxi. Die Tür wurde mir allerdings von Utes Mutter geöffnet, die nur ein müdes „Oh Gott“ für mich übrig hatte. Irgendwie konnte ich es verstehen. Utes Mutter sah in mir wohl eher einen ‘Hallodri’ und hätte sich vermutlich etwas Seriöseres für ihre Tochter gewünscht.
Jedenfalls waren wir am nächsten Tag wieder fest zusammen und beschlossen, mit einem befreundeten Pärchen, Thomas und Claudia, in den Urlaub zu fahren. Thomas war und ist auch heute noch einer meiner besten Kumpels. Allein deswegen war schon klar, dass es ein netter Urlaub würde. Wir

machten eine Wohnmobiltour durch die westlichen USA, Californien, Arizona und Nevada. In Las Vegas wollten Ute und ich eigentlich heiraten. Aber am Tag vor dem geplanten Heiratstermin bin ich mit meinem Freund Thomas nicht aus den Casinos gekommen, und wir haben unsere Freundinnen immer wieder überredet, noch länger zu bleiben, denn irgendwann mussten wir ja mal eine richtige Glückssträhne bekommen. Letztendlich haben wir bis fünf Uhr morgens gezockt und eine Unmenge der Freedrinks in uns geschüttet. Als wir am nächsten Tag in dieser plüschigen Heiratskapelle waren, herrschte eine gefühlte Temperatur von mindestens 40 Grad. Dazu kam noch der Restalkoholgehalt in unserem Blut und wenig Schlaf. Ich konnte beim besten Willen an diesem Tag nicht heiraten. Da es dann glücklicherweise mit den Papieren auch nicht so einfach war, beschlossen wir, zu einem späteren Termin in Deutschland zu heiraten.
Also fuhren wir weiter mit dem Ziel Los Angeles. Nachts schliefen wir immer zu viert in diesem Wohnmobil, Ute und ich im hinteren Teil, Claudia und Thomas im vorderen, getrennt durch eine dünne Holztür. Wenn man sich sexuell betätigen wollte, bekam natürlich jeder alles mit, zumal das Fahrzeug so weich gefedert war, dass es auch noch heftig hin und her schaukelte. Da Ute das ziemlich unangenehm fand, lief in dieser Zeit nicht besonders viel. Endlich in Los Angeles angekommen, mieteten wir uns Zimmer im Cadillac-Hotel am Venice-Beach. Wir hätten unseren Sohn auch Cadillac nennen können, denn da ist er entstanden. Da bin ich ganz sicher. Wir kamen in unser Zimmer, stellten die Taschen ab und fielen sofort ziemlich animalisch übereinander her. In dem Augenblick, als wir am Höhepunkt waren, klopfte Thomas an die Tür und fragte: „Eh Alter, willste auch ’n Bier?“ Zwanzig Minuten später tranken wir

das Bier dann auf der Dachterrasse des Hotels, und ich bin mir ziemlich sicher, dass ich zu diesem Zeitpunkt schon werdender Vater war.

Knapp zwei Monate später wurde es Gewissheit. Ich schlief gegen Mittag noch, da ich Nachtdienst hatte. Ute kam von ihrem Gynäkologen, weckte mich und sagte, dass sie schwanger sei. Ich war noch völlig verschlafen, nahm sie in den Arm und sagte: „Okay, dann heiraten wir." Nicht gerade ein besonders romantischer Heiratsantrag. Ich freute mich, Vater zu werden, aber war auch ein bisschen geschockt, immerhin war ich erst 26.

Als wir zwei Monate später heirateten, konnte man Ute die Schwangerschaft schon ein bisschen ansehen. Das Brautkleid musste jedenfalls in der Bauchregion etwas weiter gemacht werden. Nach dem Standesamt gab es eine Hochzeitsparty bei uns zu Hause und nach der kirchlichen Hochzeit ein Fest mit Freunden und der ganzen Familie. Wir hatten das Glück, dass unsere beiden Familien nur aus netten Leuten bestanden. Man braucht wohl nicht erwähnen, dass man seine eigene Familie mag, aber auch die Eltern und Verwandten meiner frisch Angetrauten waren alle klasse, und das war mir wichtig, obwohl ich kein übertriebener Familienmensch bin. Aber wenn sich die Familie nicht versteht, macht das allen nur Probleme. Außerdem habe ich von meinen Eltern gelernt, dass man sich auf die Familie immer verlassen können muss.

Nach der Hochzeit haben wir mit tatkräftiger und finanzieller Hilfe unserer Eltern ein Haus gekauft. Es war das Haus, in dem die Oma meiner Frau schon seit über vierzig Jahren wohnte. Wir kauften es der Stadt Düsseldorf ab und räumten der Oma ein lebenslanges Wohnrecht ein. Unser neues Haus war zwar billig, aber nicht wirklich neu, sondern von

1927, und man hatte das Gefühl, dass seitdem nicht viel daran getan worden war. Alles war marode und musste erneuert werden. Aber mein Vater war ja glücklicherweise früher Maurer mit Meistertitel, und mein Schwiegervater war ebenfalls handwerklich sehr begabt. Dazu gab es noch einige Freunde und Kollegen, die uns tatkräftig unterstützten. Wir machten viele Arbeiten selbst und brauchten ein knappes Jahr dafür. In dieser Zeit habe ich handwerklich so viel gelernt, dass ich heute vieles selbst machen kann. Jedenfalls hatten wir anschließend ein schönes Haus im Düsseldorfer Süden. Meine Frau bzw. mittlerweile Exfrau wohnt mit unserem Sohn Mike immer noch dort.
An den Tag, als Mike geboren wurde, kann ich mich noch ganz genau erinnern, einer der schönsten Tage in meinem Leben. Bis es aber soweit ist, muss man als Mann ja so einiges über sich ergehen lassen. Von einem Kindergeschäft zum anderen. Kinderzimmermöbel, Kinderwagen, Wickeltisch, Kinderbekleidung… Dazu noch dieser komische Schwangerschaftskurs, auch 'Hechelkurs' genannt. Eigentlich war das nicht uninteressant, weil wir ja noch gar nicht wussten, was man mit so einem kleinen Baby machen muss, wenn es dann mal da ist. Trotzdem war ich nach ein paar dieser Veranstaltungen froh, wenn ich Spätdienst hatte und nicht mit musste.

Aber dann war es endlich so weit. Nachts weckte mich meine Frau und sagte, dass die Wehen eingesetzt hätten. Ich bin sofort aufgesprungen und habe mich in Rekordzeit angezogen, die im Vorfeld fertig gepackte Tasche geschnappt und bin samt Ute ins Auto. Bei der Polizei hatte ich schließlich gelernt, wie man fahren muss, wenn man schnell irgendwo ankommen will. Mit 100 durch die Stadt, ein paar rote Ampeln mitgenommen, und ruck, zuck waren wir an der Klinik. Dort angekommen, habe ich hektisch jemanden gesucht, der sich um Ute kümmerte. Eine Hebamme unterhielt sich kurz mit meiner Frau und sagte dann, dass es sicher noch einige Stunden dauern würde und wir uns entspannen sollten. Im Endeffekt hat es von diesem Zeitpunkt an noch knapp 26 Stunden gedauert, bis mein Sohn geboren wurde. An einem Samstag, um 17.05 Uhr. Die Zeit weiß ich deswegen so genau, weil der behandelnde Arzt nach der Entbindung sagte: „Puh, ich dachte schon, wir schaffen es bis zur Sportschau nicht mehr."

Diese Geburt war eins der tollsten Erlebnisse in meinem Leben. Obwohl ich mir das vorher eigentlich völlig anders vorgestellt hatte. Eher so, dass ich vor der Tür stehe und aus Nervosität eine nach der anderen rauche. Und dann hört man das Kind schreien, geht nachsehen und fertig. Ich war nicht scharf darauf zu sehen, wie das Kinderkriegen im Detail funktioniert, aber meine Frau wollte gerne, dass ich dabei bin, und im nachhinein war es ein unvergessliches Erlebnis. Ich glaube, dass man so eine noch engere Bindung zu seinem Kind bekommt.

Ute war an allen möglichen Geräten angeschlossen, und man konnte den schnellen Pulsschlag des Kindes hören. Aber da muss nur irgendwas verrutschen, und schon hört man diesen Pulsschlag nicht mehr. Dann denkt man natürlich sofort, dass irgend etwas nicht in Ordnung ist. So ging das über Stunden. Als mein Kleiner immer noch nicht rauswollte, gab's ein wehenförderndes Mittel, und dann ging's endlich los. Aber irgendwie schien er sich recht wohl in Mamas Bauch zu fühlen und blieb prompt im Geburtskanal stecken. Jetzt musste die Saugglocke ran. Das war eine äußerst brutale Aktion. Erst musste dieses Saugteil eingeführt werden, dann kniete sich die Hebamme auf Utes Bauch, und der Arzt zog an der Saugglocke, als ob er einen Ochsen von der Weide ziehen wollte. Dann war's aber auch geschafft. Der Kleine lag da, hatte von der Saugglocke einen großen Hubbel am Hinterkopf, war bläulich angelaufen und bedeckt von der hellen 'Säuglingsschmiere'. Er hatte die Augen geschlossen und atmete nicht, und ich dachte: „Scheiße, der ist tot." Dann öffnete er ein Auge und sah uns an. Obwohl unser Kind anfangs aussah wie 'ET', hatten wir die Tränen vor Glück in den Augen. Es war auch alles dran, und der Arzt bestätigte, dass wir ein gesundes Kind hatten. 3200 Gramm und 52 cm Naseband.

Die Hebamme fragte mich, ob ich den Kleinen baden wolle, aber das habe ich mir echt nicht zugetraut. Alles war so klein, und ich hatte Angst, dass ich da mit meinen großen Händen irgend-etwas-kaputt-machen könnte. Ich blieb noch ein paar Stunden im Krankenhaus, und wir schauten uns die ganze Zeit nur den Kleinen an, küssten und streichelten ihn. Wir freuten uns beide wahnsinnig, obwohl ein Kind eigentlich nicht geplant war. Aber das war egal, wir wollten ja immer zusammenbleiben.

Abends rief ich ein paar Freunde an, und wir haben es richtig krachen lassen, d.h. wir haben, wie man das in Düsseldorf nennt, das Kind pinkeln lassen.

Schließlich gab es die Frage des Namens zu klären. Ute fand Marvin toll, doch das wollte ich nicht, da dieser Name meines Erachtens ziemlich schwul klang. Ich wollte, dass unser Kind einen Namen hat, der sich englischsprachig anhört, denn er war ja in Amerika gezeugt worden. Aber es gab noch einen anderen Grund. Wenn man Naseband heißt, wird man sowieso immer 'Nase' oder 'Nasi' genannt. Also wollte ich einen kurzen knappen Vornamen, der sich cool anhört, denn dann ist die Chance größer, auch mit dem Vornamen und nicht mit einem Spitznamen angesprochen zu werden. Ich wollte 'Nick', nicht Nicolas oder so was, einfach nur 'Nick'. Das gefiel meiner Frau nicht so, also einigten wir uns auf 'Mike'. Das paßte gut: Mein Name auf englisch, kurz und knapp, einfach perfekt.

Als Ute und der Kleine nach Hause kamen, war sein Kinderzimmer schon fertig, und man merkte, dass er sich bei uns sichtlich wohlfühlte. Mike war ein ganz liebes Baby, und wir freuten uns über alles Neue, das er konnte. Ich bin ein Partymensch und immer schon viel ausgegangen, aber in den ersten drei Jahren nach Mikes Geburt waren wir überwiegend zu Hause. Ich fand es spannender, an Mikes Bett zu sitzen und ihm beim Schlafen zuzusehen, als in irgendwelche Kneipen oder Diskotheken zu gehen. Dadurch, dass ich damals noch Schichtdienst arbeitete, hatte ich viel Zeit für unseren Sohn. Ich glaube, nur wenige Väter haben das Glück, soviel Zeit mit ihren Kindern verbringen zu können.

Nach diesen drei Jahren hatte ich aber das Gefühl, dass wieder etwas in meinem Leben passieren musste. Mike war kein Baby mehr, und Oma und Opa waren immer sehr dankbar, wenn Mike mal ein Wochenende zu ihnen kam. Also war wieder genug Zeit, etwas zu unternehmen, teils mit meiner Frau, teils alleine. So lebten wir beide uns immer mehr auseinander, bis es irgendwann nicht mehr ging. Wir haben uns zwar meist gut verstanden und hatten auch eine gute Zeit miteinander, aber es kam der Punkt, an dem es nur noch Streit und Ärger gab, und es war einfach vorbei.

Außerdem verspürte ich den Wunsch, mich weiterzuentwickeln. Ich wollte beispielsweise immer ein Gewerbe nebenbei gründen und hatte da auch so einige Ideen. Meine Frau war jedoch eher bodenständig und scheute finanzielle

Investitionen. Ich dagegen war immer schon risikofreudig. Geld war auch immer ein Streitpunkt. Ich habe eher ein lockeres Verhältnis zum Geld. Es ist dazu da, ausgegeben zu werden. Ute war relativ sparsam, und sie nervte es, dass ich nicht so draufschaute. Außerdem kam dazu, dass ich ziemlich extrovertiert bin. Ich gehe auf Leute zu, rede mit ihnen und finde es toll, andere Menschen kennenzulernen. Ute war da anders – eher introvertiert. Ich bin ein positiver Mensch und meist gut gelaunt. Ute ist eher pessimistisch und kann ziemlich launisch sein.
Ich hasse es, mich zu streiten und bin dem Streit irgendwann dadurch aus dem Wege gegangen, dass ich einfach gegangen bin und irgendwann nachts zurückkam. Ich nutzte jede Gelegenheit, etwas alleine zu unternehmen, und dann kam es vor, dass ich andere Frauen kennenlernte. Frauen, die mich toll fanden. Das tat dem Ego natürlich gut. Es kam dann auch vor, dass ich fremdging.
Ich wusste, dass ich mich von Ute trennen musste. Das wäre auf Dauer schlecht für die Gesundheit gewesen. Aber eine Trennung in meiner Situation war gar nicht so einfach. Ich meine, ich war ja mit Ute viele Jahre zusammen, weil ich sie gerne hatte. Also wollte ich nicht, dass sie sich meinetwegen schlecht fühlte. Dazu kamen noch die Familien, die in dieser Zeit zusammengewachsen waren. Außerdem hatten wir ein gemeinsames Haus. Der entscheidende Punkt war aber mein Sohn Mike. Ich wollte, dass er genauso behütet aufwachsen kann wie ich, in einer intakten Familie mit Mutter und Vater. Ich überlegte hin und her, wie ich das mit der Trennung machen sollte.

Aber die Straftäter, die ich vernahm, hielten mich in gewisser Weise davon ab. Diese Leute hatten wirklich schwere

Straftaten begangen. Vernehmungen in solchen Fällen beginnen immer mit einem persönlichen Teil, um sich ein Bild von dem Delinquenten zu machen. Wo aufgewachsen? Geschwister? Welcher Schulabschluß? Und eigentlich sagte fast jeder: „Als ich so oder so alt war, haben sich meine Eltern scheiden lassen". Ich musste dann immer schlucken und dachte, dass ich das meinem Sohn nicht antun wollte. So verwarf ich die Trennungsgedanken wieder.
Deshalb dauerte es ein paar Jahre, bis ich davon überzeugt war, dass eine Trennung auch für meinen Sohn besser wäre. Die ständigen Streitereien, die er mitbekam, konnten nicht gut für seine Entwicklung sein. Wir hatten nur noch Streß, und Ute hatte mitbekommen oder geahnt, dass ich mal was anderes nebenbei laufen hatte, was die Stimmung natürlich nicht verbesserte. Heute tut es mir sehr leid, dass ich sie betrogen habe und nicht immer ehrlich war. Sie ist eine tolle Mutter und auch eine tolle Frau, aber wohl nicht für mich. Wir haben die Trennung einfach zu lange vor uns hergeschoben und uns beiden damit keinen Gefallen getan.
Ich brauchte nur noch einen kleinen Anstoß zur Trennung, und den gab mir schließlich meine Frau, als sie nach einem Streit zu mir sagte: „Meinst du nicht, dass es besser ist, wenn du dir eine eigene Wohnung suchst?!" Auf diesen Satz hatte ich nur gewartet, denn das hatte ich sowieso vor. Sie hatte allerdings nicht damit gerechnet, dass ich das wirklich durchziehe. Sie dachte wohl, dass wir uns eine Zeitlang räumlich trennen, und dann wird wieder alles gut. Ich wollte aber Nägel mit Köpfen machen. Für mich war die Trennung endgültig. Damit konnte sich Ute anfangs nicht abfinden, und eine Zeitlang ging es ihr richtig schlecht.
Unser Sohn Mike war damals acht. Ich weiß noch genau, wie wir ihm das mit der Trennung gesagt haben. Er war mit mei-

nen Schwiegereltern zwei Wochen im Urlaub. In dieser Zeit organisierte ich den Umzug in meine neue Wohnung. Als Mike zurückkam, holten wir ihn zusammen am Flughafen ab und fuhren nach Hause. Das war wohl das schlimmste Gespräch, das ich je führen musste. Mike kam aus dem Urlaub und erzählte uns, wie schön es gewesen war und war froh, uns beide wiederzusehen. Ich musste es ihm aber irgendwie beibringen. Wir setzten uns zusammen, und ich sagte: „Du, Mike, Mama und Papa haben dich ganz doll lieb, aber du weißt ja, dass wir uns immer streiten. Deshalb hat Papa sich jetzt erst mal eine eigene Wohnung genommen."
Es war für mich der absolute Horror, in das immer trauriger werdende Kindergesicht zu sehen. Mike blieb dennoch relativ gelassen und sagte darauf: „Ja, ich glaube, das ist auch besser so." Dabei liefen ihm dicke Tränen über die Wangen. Wir haben dann alle geheult wie die Schlosshunde. Ich fühlte mich wie ein Verräter, der seine Leute im Stich lässt. Wenn ich heute an diese Situation denke, bekomme ich immer noch feuchte Augen. Wir hatten ausgemacht, dass Mike direkt die erste Nacht bei mir in der Wohnung schläft, damit er alles kennt und es schnell etwas normaler für ihn wird, dass die Mama da und der Papa dort wohnt.
Die Verständigung mit meiner Frau war am Anfang nach der Trennung nicht einfach. Ich war froh über die neue Situation, und sie litt darunter. Für sie war ein bisschen der Lebenstraum geplatzt. Bis auf die Tatsache, dass wir uns nicht mehr verstanden, war ja auch alles gut. Wir hatten ein schönes Haus, Auto, Motorrad, zweimal im Jahr Urlaub, usw. Aber was hat man von diesen Dingen, wenn der Spaß daran fehlt.
Mike habe ich weiterhin regelmäßig gesehen. Freitags schlief er immer bei mir, und in der Woche sahen wir uns

noch mindestens zweimal. Da ich bei der Polizei in der Regel immer um 16 Uhr Feierabend hatte, ging ich mit Mike zum Fußballtraining, oder wir unternahmen andere Dinge. Das machen wir auch heute noch. Ich versuche immer, meinen Sohn in mein Leben einzubinden. In dem Alter, in dem er heute ist, hat er natürlich auch andere Interessen, aber trotzdem kommt Mike immer gerne zu mir, und ich freue mich, wenn er da ist. Wir haben ein ganz tolles Verhältnis zueinander. Ich bin zwar sein Vater und auch eine Autorität für ihn, aber unser Verhältnis ist eher kameradschaftlich. Mittlerweile funktioniert auch die Kommunikation zu meiner Exfrau ganz gut. Es kommt zwar immer wieder zu Streitpunkten, und so richtig vernünftig miteinander zu reden ist auch oft nicht einfach, aber im großen und ganzen klappt es. Sie macht viele neue Sachen und hatte zwischenzeitlich auch über längere Zeit einen Freund, einen Kollegen und Kumpel von mir. Wir sind früher zusammen Streife gefahren. Es war wohl allen Beteiligten peinlich, mir davon zu erzählen. Ich bekam es nur mit, als ich aus dem Kosovo meinen Sohn anrief. Er erzählte mir dann, dass der Roland da war und ich fragte, was der denn wollte, und konnte mir dann einiges zusammenreimen. Aber mir war es sogar recht, denn ich wollte ja, dass Ute glücklich ist und wusste, dass Roland ein guter Typ ist, der auch nicht schlecht zu meinem Sohn sein würde. Diese Beziehung hat zwar nicht funktioniert, aber Ute ist eine attraktive Frau, und sie wird mit Sicherheit wieder jemanden finden, der besser als ich zu ihr paßt. Das hat sie auch verdient, weil sie eine Klassefrau ist.

Ich kann mich noch ganz genau an die erste Nacht in meiner neuen Wohnung erinnern. Es war ein knapp vierzig Quadratmeter großes Appartement im Düsseldorfer Hafengebiet, also mitten im Leben. Ich nahm mir ein großes Glas Whisky mit in die Badewanne und dachte darüber nach, was ich jetzt alles machen wollte. Trotz der Schuldgefühle war es ein total belebendes Gefühl. Von zu Hause hatte ich so gut wie nichts mitgenommen, außer einer Stehlampe, eine Stereoanlage und einen von unseren Fernsehern. Ich konnte meiner Ex und meinem Sohn ja nicht die Bude leerräumen. Ich wollte, dass es ihnen gutging und dass sie in dem Haus weiter wohnen bleiben konnten. Ich habe nebenbei gearbeitet, um mir das Leben angenehmer gestalten zu können. Als frisch gebackener Single will man was erleben und geht viel aus. Eine Trennung mit Unterhaltszahlungen ist aber ziemlich teuer.

In den ersten zwei Jahren habe ich einiges nachgeholt, viel gefeiert und viele Frauen kennengelernt. Es war schon die Ausnahme, dass ich am Wochenende alleine nach Hause gegangen bin. Damals habe ich alles Mögliche ausprobiert und war auch ein paarmal mit Freundinnen in Swingerclubs. Das hat schon seinen Reiz. Man kann es meines Erachtens aber nicht mit jemandem machen, den man liebt. Das funktioniert nicht.

Ich wollte nie wieder eine richtig feste Beziehung haben und schon gar nicht wieder mit einer Frau zusammenziehen. Das Wort 'heiraten' hatte ich völlig aus meinem Wortschatz gestrichen. Ich hatte damals zum Beispiel über drei oder vier Monate eine Freundin in Krefeld. Es war schon sehr außergewöhnlich, dass ich mich über einen längeren Zeitraum mit jemandem getroffen habe. Aber sie war sehr easy, und es war immer nett mit ihr. Wir sahen uns etwa zweimal in der Woche. Sie fand das anfangs gut, weil sie auch nichts richtig Festes wollte. Aber wie viele Menschen nun mal sind, wurde sie nach einer Zeit besitzergreifender. Dann kam Silvester, und ich sagte ihr, dass ich lieber mit ein paar Freunden etwas unternehmen würde. Sie konnte überhaupt nicht verstehen, dass ich an einem solchen Tag nicht mit ihr zusammensein wollte. Ich dagegen brauchte meinen Abstand. Ich wollte vermeiden, dass es zu eng wurde und man gewisse Tage miteinander verbringen musste. Sie sagte dazu nur: „Rufe mich bloß nie mehr wieder an!“ Ein paar Tage später hat sie sich trotzdem wieder gemeldet, aber da war das Thema für mich schon erledigt. Sie gefiel mir gut, aber eine Bindung kam für mich zu dieser Zeit nicht in Frage. Wenn Frauen öfter mal bei mir übernachteten, habe ich am nächsten Morgen immer ihre Zahnbürsten weggeschmissen. Ich wollte nicht, dass eine Frau irgend etwas in meiner Wohnung hat. Aber das Schöne am Leben ist ja, dass sich alles immer wieder ändert.

Irgendwann habe ich dann eine Praktikantin in mein Büro bekommen, Silke. Eine wirklich hübsche Praktikantin. Das Arbeiten macht ja auch viel mehr Spaß, wenn man eine schöne Frau an der Seite hat, die auch noch gut drauf ist. Ich verstand mich prima mit ihr. Wir waren ein paarmal zusammen was trinken, und ich dachte: ‘Mit so einer Frau kannste dir auch mehr als einen Flirt vorstellen.’

Aber sie hatte einen Freund, und die Hochzeitsplanungen liefen. Obwohl ich ihr, glaube ich, auch sehr sympathisch war, habe ich deswegen nichts versucht. Vielleicht hätte sie sich das sogar vorstellen können, ich weiß nicht, aber mein Gott, sie wollte heiraten, und dann ist für so eine Sache absolut der falsche Zeitpunkt. Außerdem, wer holt sich schon gerne einen Korb. Aber trotzdem habe ich bei ihrer Hochzeit noch gedacht: ‘Man, warum muss die ausgerechnet jetzt den Typen heiraten.’

Aber aus den Augen, aus dem Sinn…

Ein paar Monate später bekam ich eine neue Praktikantin, Katrin. Sie war früher Rechtsanwältin und arbeitete in einer Kanzlei in Baden-Württemberg, kam aber ursprünglich aus Osnabrück. Juristen haben es da nicht leicht und müssen nach dem Studium oft Jobs annehmen, die fernab der Heimat sind, um überhaupt etwas zu bekommen. Der Job dort machte ihr nicht besonders viel Spaß, und dazu kam noch die Entfernung zur Heimat. Nach drei Jahren wollte sie weg und etwas anderes machen. Viele ihrer Freunde waren im Bereich Nordrhein-Westfalen, und dort wollte sie sich auch eine interessante Tätigkeit suchen. Da eine Freundin von ihr ebenfalls mit einem Jurastudium in den öffentlichen Dienst gegangen war, bewarb sie sich bei der Polizei, wurde genommen und hatte auf Grund des Studiums direkt den Titel 'Polizeirätin', das ist zwei Stufen unter einem Polizeidirektor.
Sie kam im Rahmen ihrer zweijährigen Ausbildung bei der Polizei für ein dreimonatiges Praktikum zu mir. Ich sagte zu meinen Chef, dass ich sie auf gar keinen Fall als Praktikantin haben wolle. Er lächelte und meinte: „Wieso, sie sieht doch nett aus.“ Ich antwortete: „Sie wird vielleicht mal meine Chefin und weiß dann, wieviel privaten Scheiß ich während meiner Arbeitszeit erledige.“ Letztendlich musste ich sie nehmen. Ich dachte noch: „Na klasse…“.
Obwohl sie anfangs etwas unterkühlt wirkte, stellte ich fest, dass sie neben ihrem netten Äußeren außerdem noch sehr sympathisch war. Aber auch sie hatte einen Freund. Er war gerade mit seinem Medizinstudium fertig geworden, und beide führten von den knapp zehn Jahren, die sie zusammen waren, die meiste Zeit eine Wochenendbeziehung. Warum mussten die Frauen, die mir richtig gut gefielen, immer in festen Beziehungen stecken?

Sie gefiel mir immer besser, und ich glaube, man konnte nicht übersehen, dass ich ihr ständig auf den Hintern glotzte. Der gefiel mir nämlich ganz besonders gut. Ich dachte, hoffentlich merkt die das nicht, dass ich ihr immer auf den Arsch starre. Ich habe auch versucht, sie ein bisschen anzubaggern. Ich sagte zum Beispiel: „Du kennst dich ja in Düsseldorf nicht so gut aus, wenn du mal jemanden brauchst, der dir was zeigt, dann sage es nur.“ Sie antwortete nur: „Ja, ja, danke.“
Dasselbe habe ich ihr dann in anderen Varianten noch zwei oder dreimal gesagt und ihr jedes Mal meine Handynummer gegeben. Sie wollte die Nummer aber augenscheinlich nicht wirklich haben.
Ich dachte: ‘Mensch, die blöde Kuh, warum steigt die denn auf gar nichts ein?’
Es nahte meine Abreise in den Kosovo. Da ich nichts unversucht lassen wollte, fragte ich sie am Tag vor meiner Abreise ein letztes Mal, ob sie Lust hätte, abends was mit mir trinken zu gehen, und sie sagte ‘Ja’! Ups… damit hatte ich eigentlich gar nicht mehr gerechnet. Es war ein sehr netter Abend, und ich dachte: ‘Mann, ist die super!’ Sie war überhaupt nicht unterkühlt, ganz im Gegenteil. Sie hatte eine total nette Art, war gut drauf, konnte sich sofort mit jedem unterhalten, und vor allem trank sie Bier. Das ist mir bei einer Frau sympathisch. Ich mag keine Frauen, die sich den ganzen Abend an Salat und einem Glas Wasser festhalten und den Mann verachtend ansehen, wenn er sein drittes Bier bestellt. Essen und Trinken ist Genuss, genau wie Sex. Wer nicht genießen kann, hat auch keinen richtigen Spaß am Sex. Und wer will jemanden, der daran keinen Spaß hat?!
Der Abend wurde länger, und dank des Alkohols wurden unsere Zungen etwas lockerer. Sie fragte mich, warum ich überhaupt mit ihr ausgehen wollte. Ich sagte zu ihr:

„Warum geht man wohl mit jemandem aus? Wenn ich mit einem Mann ein Bier trinken gehe, dann weil er auf meiner Wellenlänge liegt. Wenn ich mit einer Frau ausgehe, dann kommt sie auch als potentielle Sexualpartnerin in Betracht."
Sie sagte natürlich, dass das mit ihr nicht laufen würde. Was sollte sie auch sonst sagen?
Am nächsten Tag war ich auf dem Weg in den Kosovo und kam nach sieben Wochen das erste Mal für eine Woche zurück nach Deutschland. Wir hatten zwar ein paarmal gemailt, aber sahen uns in dieser Woche nicht. In der folgenden Zeit kam ich alle vier bis sechs Wochen für eine Woche nach Deutschland. Und wir trafen uns regelmäßig. Irgendwann sagte mir Katrin dann, dass mit ihrem Freund Schluß wäre. Obwohl sie die Beziehung beendet hatte, war sie traurig darüber. Aber so ist es eben oft, wenn man viele Jahre zusammen ist. Ich fand es jedenfalls gut, und wir verbrachten viel Zeit miteinander.
Nach dem Ende der Mission im Kosovo nahm ich mir eine größere Wohnung. Ich hatte zwar mal daran gedacht, Katrin zu fragen, bei mir einzuziehen, aber irgendwie wollte ich mir ein bisschen Restfreiheit bewahren. Als sie knapp anderthalb Jahre später selbst nach einer neuen Wohnung suchte, schlug ich ihr vor, bei mir einzuziehen. Alles andere wäre Blödsinn gewesen. Ich war zu dieser Zeit in der Woche ständig in München, und am Wochenende waren wir sowieso immer zusammen. Diese Entscheidung habe ich noch nie bereut. Mit ihr könnte ich mir sogar vorstellen, wieder zu heiraten oder sogar ein Kind zu haben. Ich brauche das nicht unbedingt, aber wenn es ihr wichtig wäre, würde ich nicht nein sagen.
Seit ich mit ihr zusammen bin, habe ich mich ziemlich verändert. Ich war mein ganzes Leben nie richtig treu, aber jetzt

ist das anders. Sicher kann jedem von uns mal ein Fehltritt passieren, aber das würde ich mir heute gut überlegen. Die Gefahr, Katrin zu verlieren, wäre mir zu groß. Ich konnte früher meinen Freund Benno nicht verstehen, dass er noch nicht mal mit anderen Frauen flirtete, sogar wenn wir irgendwelche Herrentouren machten. Für ihn gab es nur seine Kathleen und das schon seit zwanzig Jahren. Er liebt seine Frau eben. So was soll's geben – das weiß ich jetzt.
In meinem heutigen Beruf als TV-Kommissar bekomme ich öfter mal eindeutige Angebote von Frauen, und ich lasse mich nicht darauf ein. Das wäre mir früher nicht passiert. Für mich ist das schon eine beachtliche Leistung. Ich bin jetzt vielleicht eher so, wie meine Exfrau mich gerne gehabt hätte. Aber mit Katrin passt einfach alles.
Eigentlich besteht das ganze Leben nur aus Zufällen. Ein gutes Beispiel dafür: Ich gehe in die Kneipe A und lerne dort eine Frau kennen, mit der ich vielleicht eine tolle Nacht verbringe oder ein paar Jahre glücklich bin und dann feststelle, sie war doch nicht die Richtige. Wäre ich aber nicht in Kneipe A, sondern in die Kneipe B gegangen, hätte ich vielleicht eine Frau kennengelernt, die meine große Liebe geworden wäre, mit der ich immer zusammengeblieben wäre. Man weiß es eben nicht. Und wenn man dann das Glück hat, jemanden kennenzulernen, der einfach gut zu einem passt, dann sollte man die- oder denjenigen auch festhalten.

In der Zeit, als ich wieder frisch gebackener Single war, habe ich viele – man kann wirklich sagen – 'bekloppte' Frauen kennengelernt. Manchmal habe ich mir gesagt: „Mensch, das gibt es doch gar nicht, wie kann man so bescheuert sein."
Einige waren dermaßen auf irgendwelchen Psychotrips, dass

es nicht zu ertragen war. Andere waren totale Selbstdarstellerinnen und interessierten sich nur für ihr eigenes Ding. Mit anderen wiederum konnte man keine vernünftigen zwei Worte wechseln, oder sie waren langweilig oder kompliziert. Ich sag' ja, wir Männer haben es nicht leicht.

Im großen und ganzen jedoch habe ich mir zu den Frauen, mit denen ich mal was hatte oder auch länger befreundet war, ein gutes Verhältnis bewahrt, auch wenn die Sache vorbei war. Man darf dem anderen eben keine falschen Versprechungen machen, nur um etwas zu erreichen. Es ist nicht so, dass ich mich regelmäßig mit ihnen treffe, aber wenn man sich mal sieht, quatscht man oder trinkt was zusammen.

Ich habe früher immer gesagt, dass richtige Freundschaften ohne Sex zwischen Mann und Frau nicht funktionieren, weil zumindest einer immer mehr will. Und meistens sind das wir Männer. Eigentlich glaube ich das auch heute noch, aber in einem Fall ist bei mir wirklich eine Freundschaft daraus geworden. Ich arbeitete damals nebenbei in der PR-Agentur von Elke, einer guten Bekannten, und es hat sich aus einer erotischen Beziehung eine Freundschaft entwickelt. Bei uns würde heute nie mehr etwas laufen, aber wir wissen so ziemlich alles von dem anderen. Auch solche Dinge, die man nicht jedem erzählt.

Bei Frauen sind mir Äußerlichkeiten wichtig. Ich achte sehr darauf, wie sie sich kleiden oder was sie aus sich machen. Ich schaue immer auf die Fingernägel, und wenn Frauen offene Schuhe tragen auch auf die Füße. Das ist meiner Meinung nach immer ein gutes Indiz dafür, wie sie sich pflegen. Ich selbst achte sehr auf mein Äußeres und erwarte das auch von meiner Partnerin. Einige werden sagen, das sei oberflächlich, aber ich finde das nicht. Man lernt ja niemanden kennen, weil er so einen tollen Charakter hat. Man sieht immer erst sein Äußeres. Und das muss einem gefallen. Das heißt nicht, dass Frauen perfekt sein müssen. Nein, ganz im Gegenteil. Gerade die kleinen Fehler oder die sogenannten 'Problemzonen' können jemanden attraktiv und sympathisch machen. Wer will schon eine perfekte Frau. Dann würde man immer nur vergleichen und an seine eigenen Problemzonen denken. Es ist auch unentspannt, wenn ein Partner in jeder Situation immer schön sein will. Wenn eine Frau beispielsweise beim Sex auf dem Mann sitzt und den Bauch einzieht, damit es besser aussieht, wird sie bestimmt wenig Spaß an der Sache haben.

Aber egal, wie jemand aussieht, man sollte immer versuchen, das Beste daraus zu machen. Und damit meine ich keine Schönheitsoperationen. Das braucht kein Mensch. Jedes Alter hat seinen Reiz, und ewige Jugend kann man sich lediglich im Geiste bewahren.
Aber Kleider machen Leute... Wenn man in ein Geschäft geht, um etwas zu kaufen, wird man viel besser bedient, wenn man gut gekleidet ist. Traurig, aber wahr. Ich trage selbst selten einen Anzug, meistens Jeans und ein cooles Hemd. Mein Style ist eher sportlich-chic. Wie auch immer man sich kleidet und welchen Style man hat, es muss einem selbst gefallen. Wenn ich mir selbst gefalle, trete ich viel selbstbewusster auf. Es gibt ja Leute, denen Kleidung überhaupt nicht wichtig ist. Wenn derjenige auch so glücklich ist, prima, aber das würde mir nicht reichen. So hat jeder einen anderen Anspruch.
Ich habe es zum Beispiel gerne ordentlich in meiner Wohnung. Ich mag es einfach, wenn es aufgeräumt und sauber ist. Deswegen habe ich keinen Putzfimmel, ganz im Gegenteil. Hausarbeit gehört nicht gerade zu meinen starken Seiten, und deswegen habe ich mir auch in Zeiten, in denen es finanziell nicht so toll bestellt war, eine Putzfrau geleistet.
Anders ist es beim Kochen, das kann Spaß machen, wenn es nicht zur Pflichtübung ausartet. Aber leider wird dabei eine ganze Menge schmutzig, und Abwaschen macht nicht wirklich Spaß. Fürs Kochen braucht man Zeit, und davon habe ich meistens zuwenig. Daher koche ich nur selten, obwohl vor ein paar Monaten mein Interesse am Kochen durch eine

Sat.1-Sendung gestiegen ist. Drei andere Kandidaten und ich haben für den Sender eine Kochshow gedreht. Das war sehr lustig, und ich habe wirklich was gelernt. Roberto, der Meisterkoch, hatte eine sehr unkonventionelle Art, einem das Kochen beizubringen. Dank ihm kann ich jetzt einen perfekten Kaiserschmarrn machen. Diese Süßspeisen sind sowieso mein Ding, und ich verdanke ihnen einen dieser komischen kleinen Ringe, die sich leider viel zu schnell in der Bauchregion niederlassen und dort auch nicht mehr weg wollen.

Aber die Basics beim Kochen habe ich von meiner Mutter gelernt. Als ich noch klein war, habe ich oft mit ihr zusammen gekocht bzw. ihr geholfen. Dabei habe ich mir einiges abgeschaut. Und so gut wie Mama kocht sowieso niemand.

Gutes Essen ist für mich Genießen. Ich bin ein Genussmensch und esse sehr gerne italienisch, aber auch griechisch, und dann am liebsten Fisch. In Düsseldorf habe ich einen Lieblingsgriechen, das 'Pegasos'. Dort gehe ich regelmäßig hin und esse leckeren frischen Fisch. Das einzige Problem dabei ist, dass die netten Bedienungen und der Besitzer mich gut kennen und es gut mit mir meinen, wenn sie mir ständig Ouzo ausgeben.

Obwohl ich die kleinen teuren Leckereien gerne esse, bin ich auch sehr für Hausmannskost zu haben. Sie muss nur gut gemacht sein. Wir drehen die Serie in München, und die bayrische Kost ist schon was Feines: Haxe, Schnitzel oder Schweinsbraten, am liebsten mit Knödeln. Das ist einfach lecker.

Wenn mein Sohn früher am Wochenende bei mir war, haben wir immer gekocht. Entweder gab es Nudeln mit Ei oder Ei mit Nudeln. Also jeden Freitag grundsätzlich dasselbe,

aber immerhin mit frisch geriebenem Parmesan und Pesto. Wir haben immer Witze darüber gemacht, aber es hat geschmeckt.
Im letzten Jahr habe ich vielleicht dreimal richtig gekocht, wenn man mal von Tütensuppen absieht. Ansonsten gehe ich fast jeden Tag essen, beim Dreh in Restaurants in der Nähe des Drehorts, und wenn ich am Wochenende in Düsseldorf bin, essen wir auch meist auswärts oder lassen was vom Chinesen, Sushi oder Pizzataxi kommen. Das liegt daran, dass wir die wenige Zeit, die wir miteinander verbringen, nicht auch noch mit Kochen verschwenden wollen.
Fastfood ist ja leider eine Polizistenkrankheit, aber selbst früher im Dienst habe ich darauf geachtet, mich einigermaßen vernünftig zu ernähren. Aber ab und zu ein Big Mac oder Döner muss sein.
Ich treibe einigermaßen regelmäßig Sport. Allerdings muss ich sagen, dass ich noch nie so ein verbissener Sportler gewesen bin, der immer Höchstleistungen bringen wollte. Ich lege mich manchmal lieber auf die Couch, statt laufen zu gehen. Und denke dann: „Hallo, du musst ein bisschen was tun, sonst siehst du bald aus wie ein Eimer.“ Sport ist für mich hauptsächlich Mittel zum Zweck. Ich möchte fit bleiben und nicht dick werden. Leute, die vor der Kamera arbeiten, sind sowieso überwiegend eitle Menschen. Sonst würden sie diesen Beruf nicht machen.

*Michael Naseband im Fitnessstudio, 2005*

## *Düsseldorf ist meine Stadt, aber Urlaub ist auch toll…*

Reisen fand ich immer schon toll, entweder nur zur Erholung den halben Tag am Strand rumliegen und die Strandbar unsicher machen oder Land und Leute kennenlernen. Schön ist es immer, wenn man beides verbinden kann.
Wie ich anfangs schon erwähnte, habe ich den ersten Urlaub allein mit Freunden in Callella/Spanien verbracht. Wir wohnten aus Kostengründen mit sechzehn Leuten in einem Vier-Personen-Appartement. Ein toller Urlaub! Wir hatten eine Menge Spaß. Wenn man wieder mal an der Reihe war, im Bett zu schlafen, aber leider erst spät aus der Disko nach Hause kam, lag immer jemand anders drin, und es blieb wieder nur die Luftmatratze.
Es gab immer Partys in unserem Appartement, und eines Abends fuhr ein Mannschaftswagen der spanischen Polizei vor und nahm erst mal alle fest, bis auf mich und zwei weitere Freunde. Wir hatten uns schnell ins Schlafzimmer geflüchtet und so getan, als ob wir tief und fest schlummerten. Keine Ahnung, warum die Polizei überhaupt bei uns aufkreuzte. Das hat uns auch im Nachhinein niemand gesagt. Wahrscheinlich waren wir zu laut, und die Spanier wollten wohl hart durchgreifen, um ein Zeichen zu setzen. Jedenfalls war es gut, dass nicht alle mitgenommen wurden, denn wir haben die 'Festgenommenen' wieder freigekauft: Für 1.000 Pesetas pro Person, das waren damals umgerechnet etwa acht Euro. Hört sich wenig an, aber dafür hätten wir im Laden um die Ecke schon drei Liter Bacardi für die nächsten Partys bekommen.
Auch mit meiner Exfrau habe ich tolle Reisen gemacht. Wir waren außer im europäischen Ausland in Amerika, Asien,

Afrika und der Karibik. Das war immer eine gute Zeit, weil wir beide Lust hatten, Land und Leute kennenzulernen. Und es erweitert ungemein den Horizont, wenn man sieht, wie die Menschen in anderen, oft armen Ländern leben.
Zur Zeit verbringe ich meinen Urlaub am liebsten in Spanien oder zum Wintersport in Österreich. Das ist nicht weit, und man kann sich in kurzer Zeit schnell erholen. In Spanien gefallen mir am besten die Balearen, besonders Formentera. Dort bin ich mindestens einmal im Jahr.
Trotzdem kann ich mir nicht vorstellen, für längere Zeit in einem fremden Land zu bleiben. Ich lebe gerne in Deutschland, und ich fühle mich auch in meiner Heimatstadt Düsseldorf sehr wohl. Mir liegt die Mentalität der Leute. In der Woche bin ich wegen der Dreharbeiten meist in München, aber am Wochenende zieht es mich nach Hause, nach Düsseldorf. Natürlich wegen meiner Freundin, meinem Sohn und meiner Familie, aber auch, weil das meine Heimat ist. Ich mag die lebenslustigen Menschen dort, diese rheinische Leichtigkeit. Karneval gehört für mich natürlich unbedingt dazu, und da darf man auch schon mal so richtig auf die Pauke hauen.
2006 bin ich beim Düsseldorfer Rosenmontagszug auf dem Wagen der Karnevalsgesellschaft 'Närrisch Welthus' mitgefahren. Das wollte ich seit dem Kindesalter immer schon machen. Ich habe Mitglieder dieses Vereins in einer Düsseldorfer Hausbrauerei kennengelernt, und zwar zu Beginn der Karnevalssession, als ich dort mit ein paar Freunden zum Gänseessen war. Die Leute von diesem Verein waren in Uniform und Kappen dort, und wir dachten noch: 'Hoffentlich fangen die jetzt nicht an zu singen.' Um ehrlich zu sein, die Karnevalsmusik gefällt mir erst, wenn ich ein paar Bier getrunken habe, und es reicht mir, wenn ich sie die sieben Tage von Altweiber bis Aschermittwoch höre.

Unsere Befürchtungen waren umsonst, es wurde nicht gesungen. Stattdessen verliehen sie mir einen Karnevalsorden, weil ich ihnen schon so viele unterhaltsame Stunden im Fernsehen bereitet hätte, wie sie sagten. Dazu kam, dass sie mir im Laufe des Gesprächs anboten, auf ihrem Wagen mitzufahren. Aus dieser Perspektive den Zug zu erleben, ist total klasse. Und Düsseldorf hat ja wirklich einen großen Zug. Die Kölner werden jetzt wieder sagen, dass ihr Zug länger ist, aber das ist ein anderes Thema. Da stehen eine Million Menschen am Straßenrand, das ist ein Wahnsinn und macht richtig Spaß. Wenn ich es hinkriege, mache ich gerne wieder mit.
Ich bin eben sehr heimatverbunden, und Düsseldorf ist meine Stadt. Ich lebe zwar gerne mal eine Zeit woanders, doch dann bekomme ich Sehnsucht. Aber ich genieße es sehr, andere Länder und andere Sitten kennenzulernen. Daher verbinden meine ältesten Freunde und ich unsere sogenannten 'Herrentouren' mit etwas Sightseeing.

*Herrentour auf Mallorca*
*v. l. Hasi, Klaus, Michael, Benno, Peter und Thomas*

## *Männerfreundschaften*

Meinen ältesten Freundeskreis habe ich aus der Zeit, als wir vierzehn, fünfzehn Jahre alt waren. Wir kennen uns alle noch aus der Schulzeit. Als wir dann später Berufe, Familien und neue Freunde hatten, wollten wir uns nicht aus den Augen verlieren und haben einen Doppelkopf-Club gegründet. So ein Club hört sich vielleicht für den einen oder anderen langweilig oder spießig an, das ist es aber ganz und gar nicht. Wir sind insgesamt acht Männer: Benno, Thomas, Klausi, Hoffi, Peter, Kotten, Hasi und ich. Wir verstehen uns bombig. Selbst wenn wir uns zwanzig Jahre nicht gesehen hätten, wäre schon beim ersten Treffen wieder alles wie früher. Eben Leute, auf die man sich verlassen kann. Wir haben viele tolle Sachen zusammen erlebt und einige traurige Ereignisse zusammen gemeistert. In diesem Jahr ist Hasis Frau an Krebs gestorben. Das war bisher die bitterste Pille, die wir schlucken mussten.

Ich hatte immer schon einen großen Freundeskreis, zu dem natürlich noch einige Leute mehr gehören als die Jungs, mit denen ich Karten spiele. Wenn wir Geschäfte machen, versuchen wir das mit Freunden zu tun. Beispielsweise ist mein Freund Sven Weinhändler. Logisch, dass wir bei ihm unseren Wein kaufen und auch klar, dass wir bei Benno die Versicherungen abschließen, weil er Makler ist. Man bekommt einen guten Preis, und wir können sicher sein, nicht beschissen zu werden.

Leider klappt es mit dem Doppelkopfspielen nur noch selten, da ich meist in München bin. Dennoch versuche ich, bei unseren Herrentouren dabeizusein. Neben den Mallorca- oder Skitouren, die ja zu einer Herrentruppe gehören,

haben wir zwei Harley-Touren durch Amerika gemacht, eine durch Arizona und Nevada, und die andere durch Florida. Beide Touren hatten ihren Reiz, aber die Arizonatour hat wohl mehr bleibende Momente hinterlassen. Allein diese Menschenleere war schon beeindruckend. Man fährt auf einer Straße, die am Horizont endet und nur geradeaus geht. Manchmal sieht man 20, 30 Kilometer keinen Menschen, kein Auto. Das ist Wahnsinn. Wir hatten für sechs Leute fünf Motorräder und ein Wohnmobil, das von Thomas gefahren wurde. Er ist nicht so der Biker und fährt lieber mit dem Wohnmobil und hört den ganzen Tag Musik.
Abends haben wir dann meist irgendwo in der Pampa gegrillt und haufenweise Bierdosen geleert. Einmal haben wir eine Nacht in einem Indianerreservat verbracht und zu unserem großen Entsetzen festgestellt, dass man nirgends Bier kaufen konnte. Das ist in Amerika in allen Reservaten so, und für uns Europäer kaum nachzuvollziehen. Die Indianer wohnen in unfruchtbaren Gegenden, in die es niemand anderen hinziehen würde. Sie hausen in Containern oder heruntergekommenen Unterkünften und verdienen mit Schmuckverkauf ein bisschen Geld. Da Grillen ohne Bier wenig Spaß macht, fuhr Klausi zum nächsten Supermarkt, der fünfzig Kilometer weiter außerhalb des Reservates lag. Er kaufte einen größeren Vorrat für die nächsten Tage. Als die Indianer mitbekamen, dass wir Bierdosen in rauen Mengen hatten, wollten sie uns unbedingt kennenlernen, um ein paar Dosen abzugreifen. Wir haben natürlich brüderlich geteilt.
Das Teure an diesem Urlaub war allerdings der Aufenthalt in Las Vegas. Wir haben dort die Motorräder übernommen und auch wieder abgegeben. Wir waren jeweils zwei Tage dort und haben fast den ganzen Tag gezockt. Ich habe eine Affinität zum Glücksspiel. Ich spiele einfach gern, und ohne

einen Anreiz bzw. Einsatz ist es für mich uninteressant. Die Spielerei war zwar nie existentiell, aber es ging teilweise schon um höhere Beträge. Als ich Mitte 20 war, habe ich mindestens zweimal in der Woche mit Geschäftsleuten gespielt, die wesentlich älter waren als ich und auch wesentlich mehr Geld hatten. Da ich aber relativ gut spiele und oftmals das nötige Glück hatte, habe ich häufig gewonnen. Doch als ich einmal in stark angetrunkenem Zustand eine ganze Menge Geld verloren hatte, habe ich mir gesagt: „Mensch, das kann nicht sein, dass du mit so was deine Existenz gefährdest."
Ich spiele immer noch gerne Karten, aber nicht mehr um größere Summen. Alle zwei bis drei Jahre gehe ich ins Casino. Anfangs gewinne ich meist, aber das reicht nicht, sondern ich will die Lampen mit nach Hause nehmen. Und dann verliert man und ist ganz schnell im Minus. Deswegen versuche ich zu vermeiden, überhaupt ins Casino zu gehen, weil ich weiß, dass ich da nicht mit Plus rausgehe.
Die ersten Tage, als ich mit meinen Freunden in Las Vegas war, wollten wir einiges unternehmen und nicht nur den ganzen Tag in den Casinos abhängen. Aber es kam, wie es kommen musste, und wir sind einfach nicht davon losgekommen. Die meisten von uns haben nur gezockt, den ganzen Tag. Irgendwann stand ich mit meinem Freund Thomas vor einem Seven-Eleven-Würfeltisch. Um Geld gewürfelt hatte ich noch nie und wollte das auch nicht. Ich kannte aus dem Polizeidienst diese als türkische, griechische oder welcher Nationalität auch immer getarnten Kulturclubs, die als illegale Casinos betrieben wurden. Dort wurde nur gewürfelt. Aus Insiderkreisen weiß ich, dass dabei so manche Existenz über den Würfeltisch ging. Daher war mir das zu heiß. Aber im Casino ein paar Dollar versuchen, fand ich okay.

Bei dem Spiel Seven-Eleven darf man so lange würfeln, wie man im ersten Wurf mit zwei Würfeln eine Sieben oder eine Elf wirft. Dann hat man sofort gewonnen. Jeder weiß, dass mit zwei Würfeln die häufigst geworfene Zahl die Sieben ist. Wirft man keine dieser beiden Zahlen, muss man die Zahl, die man geworfen hat, bestätigen. Das heißt, man muss noch einmal werfen, darf aber keine Sieben oder Elf mehr werfen, sonst hat man verloren. Wenn man also die richtigen Zahlen würfelt, ist man eine ganze Weile dran. Aber man spielt nicht nur gegen die Bank, sondern auch andere Spieler können auf meinen Wurf setzen. Ich habe etwa eine halbe Stunde am Stück nur gewürfelt und jedes Spiel gewonnen. Da wir aber nur mit kleinen Einsätzen spielten, kamen lediglich ein paar Hundert Dollar dabei raus. Die Amis merkten aber, dass ich einen Lauf hatte, setzten auf mich und gewannen viele tausend Dollar. So kann man sich Freunde machen. Wir gingen mit unserem Gewinn aber nicht nach Hause, sondern brachten ihn zum Black-Jack-Tisch, wo er nach fünf Minuten wieder verspielt war.

Die andere Tour machten wir in Florida, und dabei ging es unter anderem nach Daytona Beach zum sogenannten 'Springbreak', wo die Studenten von den High-Schools aus ganz Amerika hinkommen, um ziemlich exzessiv abzufeiern. Die oftmals prüden Amis rasten dabei richtig aus. Aber wie die Amerikaner eben so sind, ist alles etwas anders als in Europa: Du darfst mit dem Motorrad über den Strand fahren, du darfst mit dem Auto ins Wasser fahren, du darfst Feuer machen und auch deine scharfe Knarre mitbringen, du darfst alles machen aber du darfst am Strand kein Bier trinken.

Es gab dort nur eine Bar am Strand, bei der es draußen in einem begrenzten Raum gestattet war. Der Laden hieß 'Ocean Deck', und draußen vor dem Laden war eine sogenannte 'Blueline' gespannt, d.h. mit dicken blauen Seilen am Boden war eine Fläche, etwa so groß wie ein Tennisplatz, abgesperrt. Innerhalb dieser Linien durfte man Alkohol trinken, und die Leute besoffen sich besinnungslos. Stand man jedoch nur mit einem Bein außerhalb, kamen direkt die Cops.
Wir sind auch runter nach Key West gefahren. Wirklich ein Paradies und meiner Meinung nach eine der schönsten Stellen der Erde, an der Wasser und Land sich begegnen.
Wenn man mit ein paar Männern unterwegs ist, wird's abends immer spät. Und anstatt die Natur zu genießen, haben wir uns eher in dunklen Kneipen aufgehalten. Es kommt auch schon mal vor, dass man sich abends verliert, ähnlich wie bei dem Song „Zehn kleine Jägermeister" von den „Toten Hosen". Anfangs sind alle zusammen, dann verliert man den einen oder anderen, und am Ende steht man ganz alleine da. Was aber auch nicht weiter schlimm ist – wir sind ja alle erwachsen und nicht auf den Mund gefallen.
Eines Abends in Key West/Florida war ich derjenige, der alleine übrigblieb, und ich wusste nicht mehr genau, wo unser Hotel war. Ich sah eine amerikanische Polizistin mit ihrem Streifenwagen, die gerade Kaffeepause machte. Ich sprach sie an, stellte mich als deutschen Kollegen vor und fragte sie, ob sie mich nicht zum Hotel fahren könne. In Deutschland war es früher üblich, dass wir uns gegenseitig nach Hause fuhren, wenn jemand darum bat. Nicht von Hamburg nach Düsseldorf, aber im Bereich bis 15 Kilometer war es okay. Wir nannten das 'Bullentaxi'.
Das habe ich auch in den USA versucht. Die Kollegin musterte mich von oben bis unten, ließ sich nicht mal einen

Ausweis zeigen und bat mich einzusteigen. Hinten. Als ich drin saß, stellte ich fest, dass der gesamte hintere Bereich des Streifenwagens vergittert war und sich die Türen von innen nicht mehr öffnen ließen. Ich dachte: „Shit, die hat mitbekommen, dass du betrunken bist, und fährt dich jetzt irgendwo zur Ausnüchterung hin." Aber nein, sie hat mich netterweise wirklich zum Hotel gebracht. Was dann noch im Hotel passierte, behalte ich mit Rücksicht auf einen meiner Freunde lieber für mich. Mit diesen Jungs verbindet mich eine Freundschaft, die mein ganzes Leben lang bleiben wird. Das weiß ich.

Während einer anderen Männertour auf Mallorca habe ich zwei Typen aus Bielefeld kennengelernt, Dirk und Michael. Die beiden waren ziemlich abgefahren, und wir hatten eine Menge Spaß zusammen. Nach dem Urlaub wollten wir uns regelmäßig treffen. Normalerweise greift hier meist der alte Spruch: „Aus den Augen, aus dem Sinn." In diesem Fall war es jedoch anders. Besonders Michael habe ich oft gesehen. Er lebte ebenfalls von seiner Frau getrennt, und wir stellten schnell fest, dass wir in den meisten Dingen die gleiche Einstellung hatten. Das war wirklich so eine Art Seelenverwandtschaft.

Man hat im Laufe seines Lebens viele Freunde, aber nur wenige, denen man alles erzählt. Michael war einer davon. Wir waren beide zu dieser Zeit sehr lebenshungrig und sind nächtelang um die Häuser gezogen. Mein Vater hatte schon die Befürchtung, dass ich vielleicht schwul geworden sein könnte, aber das war natürlich ganz und gar nicht so. Wir hatten sogar in puncto Frauen einen ähnlichen Geschmack, wodurch es dann öfter zu recht amüsanten Abenden kam. Wir waren wirklich super Kumpels und konnten uns immer aufeinander verlassen. Leider ist Michael im Februar diesen Jahres viel zu jung an Herzversagen verstorben. Er hat früher sehr viel Sport getrieben und hatte dadurch ein vergrößertes Herz. Aber anstatt regelmäßig zum Arzt zu gehen, hat er sich nicht darum gekümmert. Das hat mich ganz schön mitgenommen, und ich muss noch oft an ihn denken. An dieser Stelle einen Gruß ins Jenseits: „Alter, wir seh'n uns wieder!“

*1997, Motorradtour durch Arizona, noch mit langen Haaren*

### *Die großen Fragen*

Wenn ich gefragt werde, was für mich der Sinn des Lebens ist, weiß ich meist nicht so richtig, was ich antworten soll. Ich finde auch, dass sich viele Leute viel zuviel Gedanken darüber machen. Muss man denn immer in allem einen Sinn suchen?
Wichtig ist für mich, dass ich mich um die Menschen kümmere, die ich liebe und meinem Sohn vielleicht irgendwas Sinnvolles hinterlassen kann. Damit sind nicht nur materielle Dinge gemeint, sondern beispielsweise eine positive Lebenseinstellung.
Es gehört auch dazu, mit seinen Mitmenschen vernünftig umzugehen und wenn möglich, anderen zu helfen. Aber das ist für mich keine Sinnfrage, sondern gehört zu meiner Lebenseinstellung.
Ich habe Kontakt zu einer Organisation, die todkranken Kindern Wünsche erfüllt. Für viele Kinder ist es toll, wenn sie jemanden kennenlernen, den sie aus dem Fernsehen kennen.
Wir hatten einmal von einer solchen Organisation eine Anfrage wegen eines dreizehnjährigen Mädchens, deren wirklich letzter Wunsch es war, unser 'K11'-Team kennenzulernen. Natürlich stimmten wir zu, und dieses Mädchen wurde mit ihrer Familie nach München geflogen. Es war schrecklich zu sehen, wie sie schon etwas apathisch wirkte, weil sie unter starken Medikamenten stand. Sie hatte auf Grund ihrer Krebserkrankung keine Nieren mehr und verstarb kurze Zeit nach unserem Treffen. Wir konnten aber noch einmal dazu beitragen, sie für einen kurzen Moment richtig glücklich zu machen. Ich finde es eine super Sache,

dass es solche Organisationen gibt und bin immer gerne bereit, bei solchen Dingen zu helfen.

Tod – eine weitere große Frage... Der Tod gehört zum Leben dazu. Ich bin in meinem Beruf schon oft mit dem Tod konfrontiert worden und habe gesehen, dass der Tod schrecklich sein kann. Trotzdem habe ich eigentlich keine Todesangst. Schließlich müssen wir alle einmal sterben. Wenn ich es mir aussuchen könnte, hätte ich lieber ein kurzes, schönes und gesundes Leben, als ein langes mit Leiden. Ich lebe einfach gerne und finde das Leben schön. Sollte ich das eines Tages nicht mehr finden, wäre es für mich auch okay zu sterben. Ich habe in diesen ersten vierzig Jahren meines Lebens schon so viel erlebt, dafür bräuchte manch anderer zwei oder mehr Leben.
Ich kann mir nicht richtig vorstellen, was passiert, wenn man stirbt, aber es kann nicht einfach vorbei sein. Ob derjenige, der das bestimmt, Gott heißt oder wie auch immer, es wird mit Sicherheit noch etwas anderes nach dem Tod geben, und ich kann mir gut vorstellen, dass es in irgendeiner Form weitergeht.
Ich glaube zwar an Gott, aber Kirche ist ein anderes Thema. Wenn ich heute in den Gottesdienst gehe, dann nur noch zu Hochzeiten, Taufen oder Beerdigungen. Ich bin 2004 aus der Kirche ausgetreten. Dafür gab es zwei Gründe. Erstens war es einfach viel zuviel, was ich monatlich an Kirchensteuer bezahlte. Hätte ich mit der Kirche einen Deal machen können, wäre ich wahrscheinlich nicht ausgetreten. Aber es werden eben die festgelegten Prozente eingetrieben, und verhandelt wird nicht. Zweitens kam dazu, dass ich zwar ein gläubiger Mensch bin, aber mit der Kirche verbindet mich heute nicht mehr viel. Ich glaube an Gott, bete auch hin und

wieder, aber die Institution Kirche hat meines Erachtens einfach die Zeit verschlafen und ist nicht mehr am Puls der Zeit. In den Gottesdienst zu gehen, bringt mir nichts. Allein schon diese unmelodischen Lieder, die dort gesungen werden und überhaupt nicht in die heutige Zeit passen. Die Predigten hat man alle schon mal gehört, weil die Pastoren einfach nur ihr in vielen Jahren angeeignetes Repertoire abspielen. Mir fehlen die aktuellen Bezüge. Allein die Tatsache, dass katholische Pfarrer immer noch im Zölibat leben müssen und keine Frauen haben dürfen, zeigt doch, dass die Kirche wirklich in die Jahre gekommen ist. Die junge Generation kann damit nichts anfangen, und die Kirche braucht sich nicht zu wundern, wenn ihr die Leute weglaufen.
Ob man gläubig ist oder nicht, hat sehr viel mit der individuellen Situation zu tun. Der eine wird zum Glauben erzogen, der andere findet durch prägende Erlebnisse zum Glauben, vielleicht auch durch Krankheiten oder ähnliche Erfahrungen. Ich bin gläubig erzogen worden und habe daran festgehalten, denn dass alles aus dem Nichts kommt, was wir auf der Welt haben, daran glaube ich nicht. Es muss schon 'jemand' dahinterstehen.

Obwohl ich keine Kirchensteuer mehr bezahle, bin ich der Meinung, wenn es einem selbst gutgeht, sollte man andere unterstützen, die nicht so ein sorgenfreies Leben haben. Daher habe ich nach einer Möglichkeit gesucht, mit einer monatlichen Unterstützung etwas Gutes zu tun. Es gibt aber eine Unzahl von karitativen Einrichtungen, bei denen das meiste Geld durch die eigene Verwaltung aufgefressen wird.
Dann verbrachte ich im Juni 2005 den Urlaub mit meiner Freundin Katrin in Thailand, ein halbes Jahr nach dem

schrecklichen Tsunami. Abends sind wir auf Koh Samui zufällig in eine Benefizveranstaltung für Opfer dieses Tsunamis geraten und lernten einen Typen kennen, der völlig unkonventionell eine Hilfsorganisation aus dem Boden gestampft hatte. Der Typ, David, war dreißig Jahre alt, Holländer, und sammelte Geld. Dieses Geld verteilte er aber nicht an die Tsunamiopfer, sondern versuchte den Leuten, denen der Tsunami alles genommen hatte, ihre Lebensgrundlage zurückzugeben. Beispielsweise kaufte er den Fischern neue Boote, damit diese wieder ihr eigenes Geld verdienen können. Wir unterhielten uns lange, und er bot uns an, mit nach Khao Lak zu kommen, um uns selbst ein Bild von den Auswirkungen der Katastrophe zu machen. Zwei Tage später fuhren wir mit David von der Ost- an die Westküste des Landes, wo der Tsunami gewütet hatte.

Das war Wahnsinn, einfach unglaublich. Es war bereits ein halbes Jahr nach der Katastrophe, aber es sah dort immer noch so aus, als wäre es gestern passiert. Da lagen in den Überresten der Hotels Bekleidungsgegenstände, Kinderschuhe neben Weihnachtschmuck und Weihnachtsgetränkekarten.

20 Meter lange Schiffe lagen mitten in den Städten, zwei bis drei Kilometer vom Meer entfernt. Sie waren über die Häuser, soweit diese standhielten, hinweggehoben worden, und als das Wasser wieder zurückging, blieben sie einfach liegen. Wir sahen ganze Straßen, bestehend aus Kühlcontainern, die voller noch nicht identifizierter gefrorener Leichen waren. Und an vielen Stellen lag dieser süßliche Leichengeruch in der Luft. Wohlgemerkt, ein halbes Jahr nach der Katastrophe. Wie mag es dort wohl am Tag danach ausgesehen haben. Udo, ein Kollege und Freund vom Polizeipräsidium Düsseldorf, war eine Zeitlang in Thailand

und für die Identifizierung der Opfer zuständig. Er erzählte mir, wie die Arbeit dort funktionierte und auf welche Art und Weise die Toten identifiziert wurden. Ich erspare mir, das hier zu schildern. Man kann nur seinen Hut vor den Kollegen ziehen, die überhaupt im Stande waren, den Job zu machen. Das sind Eindrücke, die man nie vergisst, und der eine oder andere wird sicher versucht haben, sie mit Alkohol zu ertränken.

Wir sind mit unserem Holländer und seiner thailändischen Freundin, die alles übersetzte, in die Notunterkünfte der Leute gegangen, denen der Tsunami neben vielen Angehörigen auch alles andere genommen hatte. Überall in dieser Unterkunft hingen Plakate mit Bildern von vermissten Kindern. Das waren Suchmeldungen von Touristen, die ihre Kinder suchten, denn einheimische Thais konnten sich so etwas nicht leisten. In dieser Unterkunft gab es viele Waisenkinder, die ihre Eltern verloren hatten und jetzt von Verwandten oder Nachbarn aufgezogen wurden.

Wir bekamen Kontakt zu einer Familie, die mit zwei Erwachsenen und zwei kleinen Kindern in einer ca. zehn Quadratmeter großen Baracke lebte. Nette, herzliche Leute, die außer ihrem Leben nicht mehr viel hatten. Die Frau des Hauses wollte dennoch abends für uns kochen. Wir kauften ein, und sie bereitete ein einfaches, aber wirklich köstliches Essen für ca. zehn Personen, die alle in dem kleinen Raum auf dem Fußboden Platz fanden. Einen Tisch oder Stühle gab es nicht.

Ich wusste, dass dies der richtige Platz war, um den Menschen zu helfen. Daher versprach ich dieser Familie, etwas für sie zu tun. Mit David, dem Holländer, verabredete ich, dass ich für die beiden Kinder dieser Familie eine Art Patenschaft übernehmen wollte. Vielleicht eine kleine Chance, ihnen das

Leben etwas zu erleichtern und eine kleine Perspektive zu geben. Dafür braucht es in Thailand keine großen Beträge. Der Holländer organisiert das für mich. Ich habe ihm gesagt, dass ich vielleicht dieses oder nächstes Jahr wieder nach Thailand komme, um zu sehen, wie es den Kindern geht und ob ich mit meinem Geld wirklich etwas helfen konnte. Das finde ich besser, als stumpf seine Kirchensteuer zu bezahlen oder an irgendwelche Organisationen zu spenden und nicht zu wissen, was letztendlich bei den Bedürftigen ankommt. Ich habe gehört, dass bei vielen Organisationen etwa siebzig Prozent der Spenden für die Verwaltung draufgehen, und das kann ja nicht Sinn der Sache sein.
Grundsätzlich gibt es viele Prominente, die sagen: „Tue etwas Gutes und rede viel darüber. So bleibst du im Gespräch." Sicher ist es besser, als wenn nichts getan würde, aber diese Leute wollen eher sich selbst helfen.

## *Ausblicke*

Sicher würde ich gerne in meiner jetzigen Branche bleiben, aber ich bin Realist genug, um zu wissen, dass es viele gute Schauspieler gibt, die keinen Job haben. Und ich bin kein Schauspieler im klassischen Sinn. Ich habe keine Schauspielausbildung, sondern nur ein Schauspielcoaching, ein Sprachtraining, etc. Deshalb wäre es vermessen zu glauben, dass ich nach der Serie davon dauerhaft leben könnte. Die Möglichkeit ist zwar da, die Wahrscheinlichkeit aber nicht besonders groß.

Mittlerweile werde ich auch für andere Sachen angefragt, die ich gerne machen würde, allerdings gibt es da ein zeitliches Problem. Durch 'K11' bin ich so eingebunden, dass mir nur wenige Tage im Monat für andere Sachen bleiben, und es ist immer schwer, gemeinsame Termine zu finden.

Ich habe aber damit begonnen, für die Zeit nach 'K11' vorzusorgen. Mit ein paar anderen Leuten organisiere ich Großveranstaltungen. Unsere Firma nennt sich 'Starcart' *(www.starcart.de)*. Wir organisieren Cartrennen mit vielen Prominenten. Unsere erste Veranstaltung hat gezeigt, dass dieses Konzept aufgeht, nämlich Motorsport und Prominente gepaart mit Musikkonzerten oder Comedians. Vielleicht liegt hier meine berufliche Zukunft. Auf meiner Homepage *(www.naseband.com)* gibt es seit kurzem einen Onlineshop, derzeit nur für Merchandisingartikel. Aber warum sollte man so etwas nicht ausbauen und eine eigene Kollektion auf den Markt bringen? Es gibt auch noch ein paar andere Dinge, an denen ich derzeit arbeite.

Davon aber einmal abgesehen, wäre es natürlich schön, wenn ich mich soweit in der Fernsehlandschaft etablieren

könnte, dass es von Zeit zu Zeit immer mal wieder etwas von mir zu sehen gibt. Auch Werbeverträge sind natürlich eine gute Sache. Viele Leute kommen durch die Werbung zu interessanten Rollen, und das Geld, das man damit verdienen kann, ist ein schöner Nebeneffekt. Man muss nur genau überlegen, wofür man wirbt. Ich habe Anfragen abgelehnt, weil sie nicht zu meinem Image und meiner Person passten. Werbung sollte meines Erachtens seriös sein. Wenn sie das nicht ist, verzichte ich lieber darauf.
Kriminalität wird im Fernsehen immer ein Thema bleiben. Krimis kommen an, auch Serien wie 'Aktenzeichen XY' werden immer laufen, und ich könnte mir vorstellen, so was irgendwann einmal zu moderieren. Es gibt derzeit sogar Anfragen.
Ich kann mir viele Dinge vorstellen. Es muss mir nur Spaß machen. Egal, was ich bisher in meinem Leben gearbeitet habe, ich hatte immer Spaß daran. Bei der Polizei gab es keinen einzigen Tag, an dem ich ungern zum Dienst gegangen bin. In einundzwanzig Jahren – nicht einen.
Das ist in meinem jetzigen Job als TV-Kommissar nicht anders. Es gibt natürlich Tage, an denen man mehr Lust hat als an anderen, aber grundsätzlich gehe ich gerne arbeiten.
Ich bin überzeugt, was man beruflich macht, muss Spaß machen. Immerhin verbringt man die meiste Zeit des Tages damit. Wenn man keine Freude an seinem Job hat, wirkt sich das mit Sicherheit auf die Gesundheit aus.
Es gibt ja viele Leute, die hohe Qualifikationen haben und aus gesundheitlichen Gründen nicht mehr arbeiten können. Oder man wird arbeitslos. Dafür können die Leute in den meisten Fällen nichts, und heute gibt es ja nicht an jeder Ecke einen neuen tollen Job. Anfangs mag so eine Arbeitslosigkeit ganz nett sein. Ausschlafen und einfach mal tun,

wozu man Lust hat. Aber wenn man dann merkt, dass es gar nicht einfach wird, einen neuen Job zu bekommen, und eine gewisse Zeit verstrichen ist, kommen ein paar Selbstzweifel. Vielleicht werden es sogar Minderwertigkeitskomplexe. Einer meiner Freunde war lange arbeitslos, und er kam kaum noch zu Partys, weil er einfach nicht darauf angesprochen werden wollte.

Ich bin gespannt, wie es in meinem Leben weitergeht. Dem lieben Gott bin ich jedenfalls sehr dankbar, dass es bisher ziemlich spannend war. Ich bin jetzt 43 und hoffe, es geht so weiter. Vielleicht gibt's irgendwann eine Fortsetzung…

***Auszüge aus meiner Fan-Post***
*(Texte wurden original übernommen)*

Brief einer 84-jährigen Frau aus Düsseldorf

*Herr*
*Kommissar Michael Naseband*
*Polizeipresidium Düsseldorf*

*Sehr geehrter Herr Naseband!*

*Ich bin eine 84 jährige ältere Dame aus Ihrer Heimatstadt Düsseldorf und möchte hiermit meine Verehrung für Sie aussprechen!*
*Ich habe alle Filme der Serie „K11" gesehen und auf Video aufgenommen.*
*Auch ein großes Lob für Alexandra Rietz, die ich sehr gern mag.*
*Lieber Herr Naseband, in meinem hohen Alter erlaube ich mir zu wünschen, einmal wenigstens mit Ihnen in Kontakt treten zu dürfen. Darüber würde ich mich von Herzen sehr freuen, denn ich mag Sie sehr!*
*So verbleibe ich in der Hoffnung, dass Sie mich vielleicht anrufen, oder einfach mal vorbeischauen bei mir zuhause, um mit mir eine gute Tasse Kaffee zu trinken. Meine Telefonnummer lautet…*

*Ich wünsche Ihnen alles erdenklich gute und viele Grüße an Frau Rietz!*

*Mit freundlichen Grüßen*

Ein 14-jähriges Mädchen aus Ägypten schreibt:

*Hallo Herr Naseband!*

*Ich heiße ..., komme aus Ägypten, bin nur noch fast 14 Jahre alt. Natürlich fragen sie sich wie ich Deutsch kann, ich bin in der Deutschen Schule der Borromäerinnen in Alexandria. Ich bin ein große Fan von ihnen und „K11“, sie haben auch ein sehr schönen Leistung. Ich mag ihnen sehr und auch Maik, er sieht cool aus (wie ihnen natürlich) aber wie alt ist er eigentlich 12,13? Waren sie einmal in Ägypten? Und wenn, was hat ihnen gefallen, und was nicht? Ah, bevor ich vergesse ich will einen Autogramm von ihnen, bestimmt habe ich viel Zeit von ihnen genommen. Ich will diese Frage nicht fragen ob sie mir zurück schreiben werden, bestimmt haben sie keinen Zeit, aber wer weiß vielleicht hab ich Glück, es wird mir wirklich riesig freuen.*

*Michael mit Hieroglyphenschrift*

Post von einem 12-jährigen Mädchen

*Lieber Micha,*

*mein Name ist ... und bin 12 Jahre alt, damit gehe ich in die 6. Klasse. Meine Hobbys sind Judo, Fussball, zeichnen, Sport, „K11“ gucken und sonst noch was mit „K11“ zu tun hat. Mein allergößter Wunsch ist einmal Kriminalpolizistin zu werden und genauso wie du werden. Am liebsten würde ich dich mal persönlich kennen lernen.*
*Ich habe viele Kaninchen, einen Hund, Katzen und Hühner.*
*Ich wohne in einem Dorf bei Berlin (ca. 100 km östlich.)*
*Ich bin ein sehr, sehr großer Fan von „K11“ – Kommissare im Einsatz und von Dir. Es sollte gar kein anderen Film auf der Welt geben. Ich würde euch alle sooooo gern persönlich kennen lernen. Ich mag Euch wirklich ALLE total, super gern. Daher ist es schade dass Branko weg ist. Aber ich hoffe du bleibst.*
*Es wäre sooooo nett, wenn ihr in den beiliegenden Umschlag ein Autogramm von Michael Naseband rein macht und abschickt.*
*MACHT WEITER SO! EIN RIESEN GROSSES LOB AN EUCH!*

*PS: Bitte, bitte schickt mir ein Autogramm von Michael Naseband!*

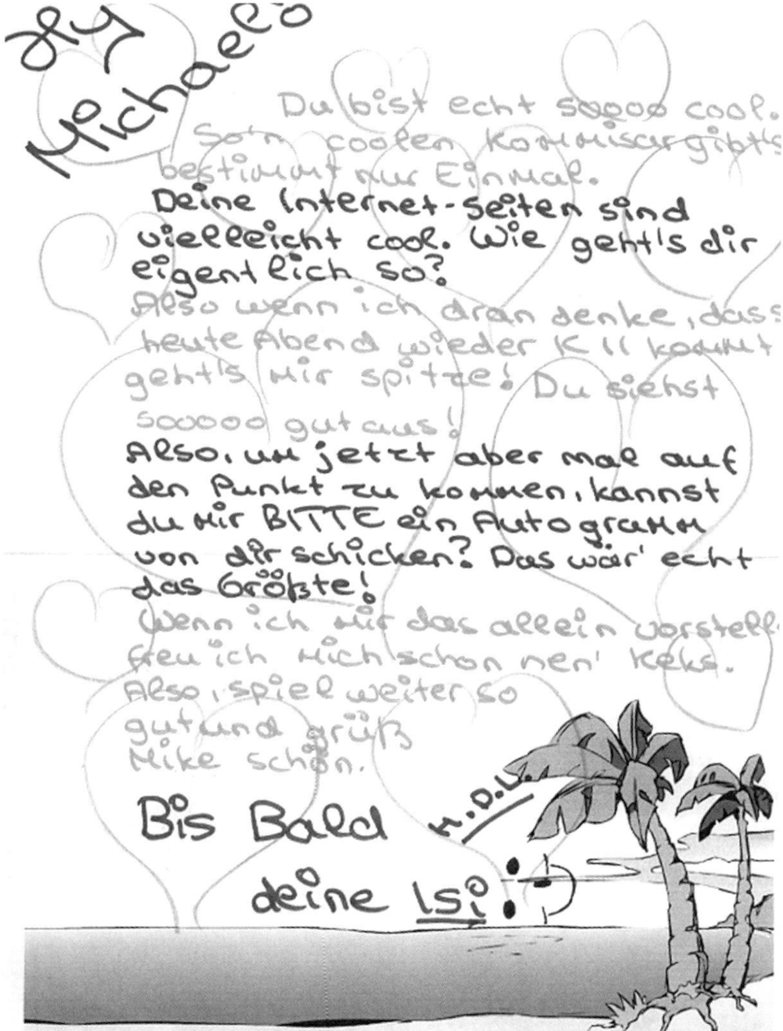

My Michael

Du bist echt sooooo cool.
So'n coolen Kommissar gibt's
bestimmt nur Einmal.
Deine Internet-Seiten sind
vielleicht cool. Wie geht's dir
eigentlich so?
Also wenn ich dran denke, dass
heute Abend wieder K 11 kommt
geht's mir spitze! Du siehst
sooooo gut aus!
Also, um jetzt aber mal auf
den Punkt zu kommen, kannst
du mir BITTE ein Autogramm
von dir schicken? Das wär' echt
das Größte!
Wenn ich mir das allein vorstelle
freu ich mich schon nen' Keks.
Also, spiel weiter so
gut und grüß
Mike schön.

Bis Bald H.D.L.

deine Isi :-)

Eine 53-jährige Frau schreibt mir:

*Hallo Michael*

*Heute muss ich mich aufraffen und einfach schreiben. Erstmal möchte ich Dich Du'zen, das schreibt sich bedeutend besser als das blöde „Sie“. Da ich ja die Ältere bin (53 Jahre) darf ich wohl das Du anbieten. Oder?*
*Ich lebe seid einiger Zeit alleine, die Kinder sind erwachsen und aus dem Haus. Man hat ja dann etwas mehr Zeit. Jeden Tag schaue ich mir „K11“ an und freue mich schon den ganzen Tag darauf. Verabredungen sage ich total ab. Benutze Ausflüchte um nicht ausgelacht zu werden. Ich darf keine Folge verpassen. Das ist der Höhepunkt des Tages. Danach geht es mir sehr gut. Mein Herz kommt dann richtig in Wallung. Als Du zur Tarnung in einer Folge geheiratet hast ist es bald stehen geblieben.*
*Ich habe schon versucht eine DVD zu bekommen, aber zwecklos. Auch ein Bild von Dir ist nicht zu ergattern. Das tut mir sehr weh. Ich möchte mir so gerne eins ins Schlafzimmer hängen. Das wäre ein Traum. Darf man mit 53 Jahren noch träumen? Sag's mir?*
*Besteht die Möglichkeit das Du mir ein Bild schickst? Das wäre so toll. Bitte ein größeres, denn ich habe eine ganze Wand frei. Dann sehe ich Dich jedesmal vor dem Einschlafen. Ich weiß das Du viel Post bekommst. So ein Mann wie Du, das kann nicht anders sein. Deine Ausstrahlung ist auch zum dahinschmelzen.*

*Ein kleines Gedicht für Dich*

*Wenn Liebe weh tut habe ich Schmerzen*
*ich finde den Weg nicht zu Deinem Herzen*
*so bleibt mir der Mut zum täglichen Träumen*
*es weiß ja niemand, ich will nichts versäumen*
*Am Morgen wenn ich aufsteh' o weh, o ach*
*ich am Mittag darüber lach'*
*am Abend kann ich mich freu'n*
*weil ich weiß dass ich wieder träum'.*
*Ich will Dir dieses Gedicht schenken*
*Du sollst darüber nachdenken*
*wenn Du dann auch mal von jemandem träumst*
*dann weißt Du was Du versäumst*
*wenn die Träume nicht in Erfüllung gehen*
*dann kannst Du mich sicher verstehen*

*So, jetzt habe ich aber genug Süßholz geraspelt. Ich wünsche dir für Deine Zukunft alles, alles Gute. Bitte, drehe noch viele „K11" Folgen, damit ich noch viele sehen kann.*

*Hochachtungsvoll*

*Inhaltsverzeichnis*